なぜ僕は瞑想するのか

ヴィパッサナー瞑想体験記

想田和弘

集英社

なぜ僕は瞑想するのか

ヴィパッサナー瞑想体験記

皆さんは「ヴィパッサナー瞑想」をご存じだろうか。

２６００年前、ブッダが菩提樹の下で実践し解脱に至ったという、究極の瞑想法である。

僕は２０１９年の夏、この瞑想法を伝授する10日間の修行コースがあると聞いて、恐る恐る参加した。千葉にある大自然に囲まれた瞑想センターで、スマホもパソコンも財布も預け、外の世界との関係を完全に断ち切った上で毎日10時間以上、ひたすら座って修行した。

そして驚くべき貴重な体験をした。

それは僕自身の考え方と生き方を大きく変えてしまった。

今ではヴィパッサナー瞑想は、僕の精神と身体を静め、安定させ、ストレスを制御し、健康を保っていくために、どうしても欠かせないツールになっている。

毎日の瞑想は、シャワーを浴びたり歯を磨いたりするのと同様、心の衛生を保ち、他人や自然と調和しながら幸福に生きていくために、必要不可欠な時間になっている。

瞑想は、この暴力的な世の中を平和なものに変えていくための、鍵になるだろうとも確信している。

本書は、雑誌「週刊金曜日」に連載された瞑想合宿の体験記を、一冊にまとめたものである。

恥ずかしい出来事や体験もかなり赤裸々に書いてしまったが、この本を読んで、ヴィパッサナー瞑想に興味を持ったり、実践したりする人が一人でも増えるなら、これほど嬉しいことはない。

ヴィパッサナー瞑想の話をする前に、まずは現在世界的に流行している「マインドフルネス瞑想」について触れておこう。

マインドフルネス瞑想の流行に火をつけたのは、脳科学の分野での新しい知見である。たとえば、ハーバード大学などが2011年に行なった研究では、瞑想の訓練を8週間受けた人々の脳の灰白質の密度が高まったことが報告された。特に注目されているのは、瞑想によって前帯状皮質が発達することである。集中力や自己統御力をつかさどる部位だ。反射的で不適切な反応を抑制したり、戦略を柔軟に変更したりする能力と関係しているという。

加えて、ジョンズ・ホプキンズ大学の2014年の研究では、瞑想が抗うつ剤と同じ程度に、抑うつを改善することも証明された。ほかにも、禁煙に効果があるとの研究や、脳の老化を抑えるとの研究、大学院入試（GRE）の論述の成績が16％も上昇するとの研究も発表されている。

こうした科学的実証がなされるにつれ、グーグルやアップルといった一流企業が、生産性の向上や福利厚生のため、瞑想を社員用プログラムとして取り入れ始めた。あのアップルの創業者スティーブ・ジョブズが行なっていたということもあり、マインドフルネス瞑想は今や世界的なブームとなっているのである。日本でもNHKなどが特集番組を放映したりしているので、その存在をご存じの読者も多いであろう。

かくいう僕も、2016年にニューヨークでマインドフルネス瞑想の講座を受講したことがある。1週間に1度の5回講座である。以来、毎朝30分ずつ実践してきた。そして一定の効果を感じてきた。

マインドフルネス瞑想に行き着いた経緯は、かなり個人的である。

僕は「観察映画」を標榜し、台本もナレーションも使わぬドキュメンタリー映画を作ってきた。「観察」という行為に興味があり、「観察瞑想」とも訳されるヴィパッサナー瞑想に関心を抱いてきた。それでヴィパッサナーを試してみようと講座を受講したところ、それは実は一般には「マインドフルネス瞑想」と呼ばれる、ヴィパッサナーを世俗化・簡易化した瞑想法だったのである。

また、自分の精神状態が、年を取るにつれてどんどん悪化していくことも、瞑想に興味を抱いた理由である。

毎日とにかく忙しすぎるし、競争が激しく心が安らぐことがない。祖国や世界の政治状況を見ていても怒りが湧くことばかりで、心が乱されることが多い。ついでに、映画作家などというヤクザな商売をしているので、経済的な不安も常に抱えている。

そういうストレスを少しでも軽減し、心の平静を保つ必要性を感じていた。

実際、マインドフルネス瞑想が現代で流行している背景には、ストレスフルな社会があるのだと思う。

だが、マインドフルネス瞑想の元になっているのが、実はブッダが2600年前に再発見・実践した「ヴィパッサナー瞑想」であるということは、あまり知られていない。ゴータマ・シッダッタが菩提樹の下で実践し解脱に至ったという、究極の瞑想法である。

僕は大学で宗教学を専攻していたこともあり、ブッダが観察を使った瞑想法で解脱したとされていることは知っていた。また、スリランカ初期仏教（テーラワーダ）のアルボムッレ・スマナサーラ長老の著書などを通じて、その瞑想法が「ヴィパッサナー」と呼ばれていて、上座部仏教などで今でも実践されているということも知っていた。

スマナサーラ長老と『観察「生きる」という謎を解く鍵』（サンガ）という本のために対談した際には、ニューヨークの瞑想講座での体験を長老に伝えた。そしてこんなやりとりをしていた。

スマナサーラ「まあ、瞑想道場だったら10日間プログラムだとかなり進みますね。想田さんは1週間に1度を5回のプログラムでしょう？　一日中、10日間、瞑想してみると、それで完成する人もいるし、完成にかなり近寄ることもけっこうあります。そこでの経験にリバウンドはありません。俗世間でごちゃごちゃ、はちゃめちゃなことに遭っても『やあ、なんだこれ』と、ほんの瞬間でまた心は元に戻って直すことができるのです」

想田「ふむふむ。ってことは、もっと集中してやったほうがいいんですかね」

このように、長老は合宿をしながら集中して瞑想修行することを僕に勧めた。長老ご自身、以前はそうした合宿を行なっていたそうである。だが、宿泊施設等を用意するのが難しく、現在では行なっていないとのことだった。僕はそれを聞いて、ちょっと残念なような、ほっとするような気がした。

ところが、である。

ネットで調べてみると、S・N・ゴエンカ氏というインド系ミャンマー人が設立した団体が、ヴィパッサナー瞑想修行合宿コースを行なっているではないか。合宿の場所は、世界100箇所以上にある瞑想センター。日本では、千葉と京都にセンターがあり、それぞれ年間20回近くも10日間コースを行なっている。スマナサーラ長老の念頭にあったのは、もしかしたらこの合宿なのではないか。

合宿の参加費は無料。合宿終了時に、自分の経済力に応じて払える金額を寄付（ダーナ）すればよい、とある。そして驚くべきことに、世界中に拠点を持つセンターの運営は、寄付のみで行なわれているという。瞑想の先生も、参加者の食事などの世話をする「奉仕者」も、すべてボランティア。一切報酬を受け取らない。この世知辛い世の中、いったいどうしたらそんなことが可能なのだろうか。

センターのウェブサイトによると、合宿の内容はかなりハードだ。まず、合宿参加者はスマホもパソコンも財布も主催者に預け、10日間まるまる、外の世界との連絡を完全に断ち切らなくてはならない。忙しい現代人にとっては、それだけでも相当に高いハードルである。

新聞やテレビ、ソーシャルメディアだけでなく、読書やメモ書きすらも禁止（だからこの文章は主に記憶や書籍、協会のサイトにあった講話の録音などを頼りに書いている）。ツイッターに中毒気味の僕なんて、いったいどうなっちゃうんだろうか。いや、デジタル・デトックス（脱電子機器）をするいい機会か。

スケジュールは、毎朝午前4時に起床し午後9時半に消灯（次ページの表を参照）。1日10時間以上、ひたすら座って瞑想することになる。それに夕食がない。まさに「修行」だ。考えるだけで気が遠くなる。

午前4時	起床
午前4時30分～6時30分	ホールまたは自分の部屋で瞑想
午前6時30分～8時	朝食と休憩
午前8時～9時	ホールにてグループ瞑想
午前9時～11時	ホールまたは自分の部屋で瞑想
午前11時～12時	昼食
午後12時～1時	休憩および指導者への質問
午後1時～2時30分	ホールまたは自分の部屋で瞑想
午後2時30分～3時30分	ホールにてグループ瞑想
午後3時30分～5時	ホールまたは自分の部屋で瞑想
午後5時～6時	ティータイム
午後6時～7時	ホールにてグループ瞑想
午後7時～8時15分	講話
午後8時15分～9時	ホールまたは自分の部屋で瞑想
午後9時～9時30分	ホールにて質問
午後9時30分	就寝

加えて、10日間は「聖なる沈黙」を守り、生徒同士の間では一切言葉を口にしてはならない。ジェスチャーや目配せもダメ。

また、男女は一切接触してはならず、「殺生しない」「盗まない」「性的な過ちを犯さない」「嘘をつかない」「飲酒や喫煙やドラッグをしない」という5つの戒律（シーラ）を厳しく守ることを誓約させられる。

このうち、「飲酒しない」が自分にとっては一番きつそうである。

なにしろ僕は大のビール好きで、昼食や夕食時にはたいてい飲んでいる。それが楽しみで生きているようなものだ。あれを10日間も取り上げられるのか……。いや、どうも実は合宿期間だけでなく、合宿開始の10日前から禁酒を求められるらしい。ということは、20日間も飲めないのか。

「なんだかわざわざ進んで刑務所に行くみたいだな」

興味を引かれながらも、二の足を踏む自分がいた。

ところが面白いもので、瞑想合宿の存在を知ってからは、「参加したことあるよ」という話を、友人たちからチラホラ聞くようになる。中には「ちょっと信じられないような、凄い体験をした」という人もいた。いわゆる「超常体験」をしたというのである。そして彼らの感想は、一様にこうだ。

「きつかったけど、参加して本当によかったよ。興味があるなら、絶対やったほうがいい」

そんななか、2019年の夏、日本へ一時帰国する機会が巡ってきた。夏休みも兼ねているので、時間が自由になる。

僕は思い切って、千葉の合宿に参加することにした。申し込みは日本ヴィパッサナー協会のウェブサイトから行なう。男女それぞれ30人が参加できるが、とても人気があるようで、予約期間が始まるとすぐに埋まってしまう。僕は6月下旬、早めに予約を入れて、8月上旬のコースの席を確保した。

すると妻の柏木規与子までが「私も参加したい」と言い出した。

「だって万が一想田くんだけに解脱されちゃったら、夫婦で会話が成立しなくなるじゃん」

そんな心配はないと思うけど……。っていうか、解脱するのをマジで心配する？

規与子はスケジュールの都合上、7月に始まるコースの席を、キャンセル待ちのすえに確保した。

そして月日が流れた。

8月上旬、一足早く瞑想合宿を終えた規与子は、ツヤツヤとした顔で「娑婆」へ帰ってきた。厳しい修行でやつれているだろうという予想に反して、元気いっぱいである。また、瞑想したら尼さんのように枯れた感じになって帰ってくるのではないかと勝手に想像していたが、以前よりもさらに生気がみなぎっている。

「すんごい良かったよ。ヴィパッサナーに出会えたのは、本当に幸運なことだと思う」

聞けば、合宿1日目は常に眠気に襲われて瞑想どころではなく、参加したのを後悔したのだそうだ。ところが2日目の夜からは頭が冴えわたり、「ちょっと凄い体験」をしたのだとか。同時に、眠気も修行のプロセスの一部であることがわかったという。

「えっ、ちょっと凄い体験って？」

「うーん、先生の説明によるとたぶん解脱の入り口みたいなところに行っちゃったんだけど、想田くんが自分で体験した方がいいから、言わない」

上等である。

「なんか私、瞑想をやって、死ぬのが怖くなくなった。死ぬときって痛そうだから嫌だったんだけど、痛いのもアニッチャー、無常だってわかったから」

規与子の口から「アニッチャー（無常）」などというパーリ語の仏教用語が発せられるとは、なんだか面食らう。

それにしても、あれほど死ぬのを怖がり、「125歳までは絶対に生きる」と宣言していた規与子である。ホテルに着くと、火事や地震に備えて真っ先に非常口のありかを確認していた、わが妻である。

いったい何を経験すると、そんなに劇的に変わるのだろう。僕の好奇心は、強まるばかりであった。

8月下旬、いよいよその日はやってきた。

僕は電車とバスを乗り継いだすえ、千葉県長生郡睦沢町上之郷にある瞑想センター「ダンマーディッチャ」へ到着した。

センターは、田園地帯をさらに奥へいった山の中にある。約5000坪の広大な敷地に、瞑想ホールや食堂棟、男女それぞれの合宿棟やトイレ・シャワー棟などが、ポツン、ポツン、と並んでいる。

京都の施設は1989年の設立だが、千葉のそれは2006年のオープンなので、建物は結構新しい。三方が山に囲まれているので、周りには民家すら一軒も見えない。外の世界から完全に隔離されているのである。

チェックインの際、財布とパソコン、iPad、iPhoneをすべて預ける。オリエンテーションの後は、指定されたA棟の4番ベッドに持参したシーツをかぶせる。このドミトリーでは、15人の男たちが生活をともにする。

瞑想修行などに参加するのは高齢者が中心なのだろうと勝手に想像していたが、大きな間違いだった。僕よりも年上に見えるのは数人しかいない。ほとんどは20代か30代の若者である。中には高校生くらいにしか見えない人もいる。頭を丸めたお坊さんぽい人も何人かいる。

身支度を終えて外へ出ようとしたとき、早速小さな「事件」が起きた。真新しいサンダルを入り口の棚に置いていたのだが、どこにも見当たらないのである。最寄りである茂原駅の100円ショップで購入したものなので、センターにも同型のサンダルが何足か置いてあった。おそらく生徒の一人が、センターのサンダルだと勘違いして履いて行ってしまったのだろう。不注意だなあ。250円の安物だが、「自分の物」が侵されたような気がして、あまり気分のよいものではない。

夕方、瞑想ホールで短い瞑想指導が行なわれた後、「聖なる沈黙」が正式に宣言された。今日は「合宿所入り」の日なので、10日間にはカウントされない。明日からが瞑想修行の本番なのである。

なお、これから書く文章は、あくまでも瞑想初心者が書く体験記である。僕の記述を参考にして自己流の瞑想をすることは、危険なのでまったくお勧めできない。

また、僕の体験はあくまでも僕の体験であり、あなたの体験ではない。僕が「今日食べたカレー」の味をいくら細かく説明しても、あなたが食べたことにはならないのと同じである。ご興味のある方は、ぜひとも10日間コースに参加してほしい。その際にも、僕の体験を目指したり再現したりしようとするのではなく、まっさらな意識で、ご自分の身体と心を観察していただきたい。

第1日、朝の4時。鐘の音に叩き起こされる。もの凄く眠い。昨日は消灯時間が早すぎて寝つけなかったし、朝の4時なんて普段は熟睡している時間帯だもんなあ。

外は真っ暗である。懐中電灯を使ってトレーニングウエアに着替えようとして、恐ろしいことに気がついた。

持病の坐骨神経痛が発症していたのである。

動くのも、座るのもきつい。というより、着替えるのもやっと。これから長々と座り続ける日々が始まるというのに、最悪である。不安を募らせながらも、恐る恐るゆっくりと全身のストレッチをして、身体をできるだけ整える。

4時半からは、いよいよホールで瞑想開始だ。

80平米くらいはあるだろうか。広々とした空間に、瞑想用の青い座布団が約60枚、整然と敷いてある。生徒60人と奉仕者約10人が座ると、広いとはいっても案外キッツキツである。

僕は16番の座布団を指定された。ここがこれから10日間、僕の指定席である。

坐骨神経痛の僕は、後ろに積んであるクッションを何枚も借りてきて、お尻の下にうずたかく重ねることにした。

ホールには、仏像など宗教性を感じさせるものは一切ない。実際、協会はブッダが発見した「自然の法（ダンマ）」を伝える目的は持つものの、「仏教教団」でも「宗教団体」でもないとしている。ダンマはダンマであり、宗派とは関係ないという立場だ。したがってキリスト教徒であろうと、イスラム教徒であろうと、無神論者であろうと、改宗など一切することなく、誰でも瞑想合宿に参加できる。

ホールの前方には白い布がかけられた高い壇があり、そこに「アシスタント指導者」と呼ばれる先生が男女一人ずつ座る。

男性の先生は、ドラマ「北の国から」（フジテレビ系列）に出ていた当時の岩城滉一を思わせる、ちょっとかっこいいサーファー系色黒のお兄さんである。Tシャツにチノパンというシンプルな装いで、髪は長いし、服装もまったく修行者らしくない。しかし身のこなしに無駄がなく、奇妙なほど柔らかく落ち着いていて、ただ者でないことはすぐにわかった。一方、表情に常に笑みを湛えた女性の先生は、50代だろうか。やはりどこにもテンションや硬さがなく、優美さと気品に満ちた女性である。

なぜ彼らが「アシスタント指導者」と呼ばれるのかといえば、2013年に89歳で亡くなったゴエンカ氏の「助手」という位置づけだからだ。実際、瞑想指導は、ゴエンカ氏が生前に吹き込んだオーディオを、アシスタント指導者が再生することによって行なわれる。

ゴエンカ氏は訛りのある英語で指導を行なうが、直後に日本語訳も流れるので、英語話者も日本語話者も理解できる。そのため、生徒の3割くらいは外国人である。特にアジア系の人が多い。

当然だが、ゴエンカ氏にも瞑想の先生がいた。サヤジ・ウ・バ・キン氏というミャンマー人である。ゴエンカ氏は生涯出家せず、商業に従事していた在家の瞑想修行者であった。ウ・バ・キン氏もお坊さんではなく、ミャンマーの高級官僚だったという。ゴエンカ氏は、ミャンマーで細々と継承されていたブッダの瞑想法をウ・バ・キン氏から受け継ぎ、インドに本部を置く協会を作り、世界中に広める基盤を作ったわけである。

ヴィパッサナー瞑想をするには、精神の集中力（サマーディ）が要求される。したがっていきなり行なえるものではなく、合宿最初の3日半は、集中力を養う「アーナーパーナ瞑想」を修行するとの説明がなされた。

アーナーパーナ瞑想とは、呼吸の瞑想である。胡座《あぐら》をかき、背筋を伸ばして目と口を閉じ、自然に起きる呼吸に全意識を集中させる。それだけだ。

とはいえ、この瞑想には3段階ある。初日は鼻腔の内側に感じる呼吸の出入りだけに意識を絞る。これが第1段階。2日目からはそれを上唇を底辺とした鼻の三角形に拡大し（第2段階）、その後もう一度、鼻腔と上唇の間だけに意識の範囲を狭めるのである（第3段階）。

簡単そうに聞こえるかもしれないが、これが本当に難しい。

一生懸命、鼻腔に出入りする空気の感覚に集中しようとしても、数秒も経つと「俺のサンダル、誰がとったんだろう」「昼ごはんのおかずは何かな」などといった雑念に囚われて、呼吸を意識することを忘れてしまう。気づくと10分間くらい、自分の映画の次回作の宣伝戦略についてあれこれ考えていた、なんてことも起きる。

猿が木から木へ移るように想念が変わっていくので、こういう落ち着かない精神状態を「モンキーマインド」と呼ぶ。仕事をしたり、車の運転をしたりするときも、おそらくは常に心はこういう状態なんだろうと思うと、実に危うく感じる。

同時に、あまりに集中力が散漫であると、自分の情けない正体を突きつけられるような気がして、いたたまれなくなる。

しかし肝心なのは、雑念に囚われた際に、そういう自分を否定したりがっかりしたりしないことだ。雑念に気づいたら、「これが今の私の現実」と平静さを保ちながら受け入れて、呼吸に戻らなければならない。でなければ、のちに詳述する嫌悪の「反応（サンカーラ）」が生まれてしまうのだ。

実は3年前に受講したマインドフルネス瞑想でも、これと似たようなことを習っていた。ただし、僕が手ほどきを受けたマインドフルネス瞑想では、意識の集中の範囲が散漫だ。鼻腔に意識を集中させてもよいし、膨らんだり凹んだりする腹に意識を集中させてもよい。あるいは、呼吸をする身体の全体の感じに集中してもよい。また、ゴエンカ式アーナーパーナ瞑想では言葉を使うことを一切禁じられているが、マインドフルネス瞑想では「吸います、吐きます」と念じたり、数を数えたりしてもよい。

しかしいかんせん、この3年間、マインドフルネス瞑想を続けてもついに雑念が頭の中を去ることはなかった。何度瞑想しても、僕の頭はモンキーマインドのままであった。だから僕は「人間、誰しもきっとこんなものなのだろう」と進歩するのをすっかり諦めていたのだ。

瞑想修行1日目の僕は、徹頭徹尾、まさに進歩のないモンキーマインドそのものだった。雑念が現れ、それに気づく。呼吸に戻る。また雑念が現れ、それに気づく。呼吸に戻る。その繰り返しだ。

のみならず、この日は睡魔や身体の激痛とも闘わねばならなかった。

座ってしばらくじっとしていると、足や腰や臀部に激痛や激しい痺れが現れる。猛烈に痛いので、姿勢を変える。変えて痛みが去ると、今度は眠くなる。激痛。睡魔。激痛。睡魔。この繰り返しである。意識の集中どころではない。ときどき食事や休憩をはさむとはいえ、この地獄が10時間以上も続くのである。これが10日間も続くのであれば、とても我慢できないだろう。

1日の終わり、午後7時からは、瞑想ホールでゴエンカ氏による講話の日本語訳を聴く。英語やその他の言語で聴きたい人は、別の部屋で聴く。

睡魔や激痛と闘う僕にとっては、この講話が次の日へのやる気と希望をつなぐ時間だった。なにしろ、ゴエンカ氏は現在や未来の僕らの状態を、正確に言い当てるのである。

「このようなコースに参加すると、多くの生徒が、1日目には肉体的な苦痛を訴えます。痛み、圧迫感、緊張感が肉体に起こってきます。そう、それでよいのです。それがこの修行法の特徴なのです」

なんだ、痛いのは俺だけじゃないんだ。

「今感じているその苦しみは、明日には少しだけよくなっているでしょう。明後日には、明日よりもまた少し、楽になっているでしょう。そうして、次第次第に、その苦しみから抜け出すことができるでしょう」

えっ、そうなの？　とても信じられないけれど。あっ、でもたしか規与子も2日目から調子が出たって言ってたな……。

「皆さんは心を観察しろとは言われませんでした。ただ、呼吸を観察するようにと言われたのです。しかし呼吸を観察することはすなわち、精神、心を観察することにつながるのです。今日一日、この修行をしたことによって、自分の心のありさまがわかってきたと思います。心がどれほど落ち着きなく浮ついて、ふらふらしているかということを。呼吸に意識を集中しようとすると、どれほど集中することができるでしょうか。心はすぐにどこかに迷い出てしまいます。ときには、1分も集中することができません。いいえ、1分どころか、1秒、一瞬、息を1回吸う間にも、心はどこかへ行ってしまいます。この現実。この真理がはっきりとしてきます」

やっぱ、そうですか。まるで僕自身のことを言われているようだ。完全に見透かされている。

後日の講話でこんな話をされたときは、狐につままれたようになった。

「（講話を聴いて）『これこそ本当のダンマ。真実。自然の理だ、わかったぞ！渇望や執着は、みんな害になるだけ。苦しみを生み出すだけなんだ。智慧、智慧』。ところが、トイレに行こうと外に出ると、『あっ、僕の草履は？　誰だ？勝手に履いてったのは？』。私、私のものという、欲の塊に戻ってしまいます」

えっ、なんで俺に起きたこと知ってんの？

ゴエンカ氏の講話は、何年も前に吹き込まれた録音である。氏が僕の「サンダル行方不明事件」を知っているはずがない。

思うに、ゴエンカ氏は瞑想修行を受けた数万人の生徒たちを観察・分析し、コースが進むにつれて生徒たちにどんな出来事や気持ちが起こり、どのように進歩するのかを熟知しているのだ。そして生徒たちからのフィードバックを活用し、プログラムを完璧に調整し尽くしたのだろう。だから何日目に生徒にどんな変化が起きるのか、予想できてしまうのである。

ゴエンカ氏は、こんなことも講話で予言していた。

「2日目には、決意の弱い生徒の何人かが、逃げ出すことを考え始めます。それは、心の内の抵抗にほかならないのです。不純物は、自分が出て行くのが嫌なために、皆さんの瞑想をやめさせようとするのです。皆さんに逃げ出すよう、仕向けるのです。同様に4日目にさらに深い瞑想を始めると、翌日、あるいは翌々日、何人かの生徒たちが再び逃げ出すことを考え始めます」

そうか、山場は明日と5日目、6日目なのだな。絶対に乗り切ってやる。

僕は決意を固めて、床についた。

2日目は再び、朝の4時半からアーナーパーナ瞑想の修行。相変わらず、雑念と激痛と睡魔との闘いである。この地獄からいつか抜け出せるという気が、一向にしない。

朝6時半からは、男女別々の食堂で朝食が供される。過去に10日間コースを受講した経験のある「古い生徒」で構成される「奉仕者」が、菜食料理を作ってくれる。自然の素材を活かした薄味で、美味しい。「聖なる沈黙」が課されているので、食事時でも話し声は一切聞こえず、みんな黙々と食べている。インスタントコーヒーも置いてあったので、目を覚ますために2杯飲んだ。

自分で使った食器は、自分で洗って片づける。食器を洗う順番を待つためにシンクの前に並んでいると、油汚れなど起きえないメニューなのに、洗剤をたっぷりつけてお皿をゴシゴシ洗っている男性生徒が多いことに気づく。僕も偉そうなことは言えないが、家事をやりつけていない男性が多い。

男性陣の多くは、洗濯物の干し方もよくわかっていなかった。晴れた日に外へ干すのはいいのだが、夜になっても部屋に取り込まない人が大半なのである。

そのため、せっかく乾いた洗濯物も、夜露に濡れて台無しである。

「洗濯物は夕方前には取り込めと、おばあちゃんに習わなかったのか……」

忠告したい衝動に何度も駆られたが、「聖なる沈黙」が課されているので諦める。


休み時間、ベッドに横たわり身体中のストレッチを行ないつつ、10分程度の仮眠を取る。激痛と睡魔への対策である。しかしいざ瞑想に入ってみると、やっぱり睡魔は襲ってくる。そして痛みに対しては、事前のストレッチがほとんど役に立たないことがわかる。結局は相変わらず、雑念と激痛と睡魔の間で、ただひたすら、地獄の苦しみを味わうのだ。

毎日正午からは、アシスタント指導者に希望者は質問できる。僕はアポイントメント用のホワイトボードに名前を書き込み、思い切って面談を申し込んだ。

「以前から腰が悪いせいか、同じ姿勢でいるのがとても辛いのですが……」

先生は壇上で柔らかに胡座をかき、笑みを湛えながら静かに答えた。

「腰が悪いというのは、事故か何かを経験されたとか？」

「いえ、事故ではないんですが、昔からぎっくり腰を何度か経験しております」

「座椅子が必要でしたら、いつでもコース・マネージャー（コース全体の流れを管理する奉仕者）に言ってください。用意してくれます」

「ありがとうございます。同じ姿勢でいるのが辛い場合、姿勢を変えてもいいのでしょうか」

「アーナーパーナ瞑想では、姿勢を変えても構いません。ただしゆっくりと静かに。そして姿勢を変えるときには、少し強めの呼吸をして、呼吸に対する意識を継続させるようにしてください」

そうか、やっぱり姿勢は変えていいんだ。助かった。でも、逆に言うと、ヴィパッサナーに入ったら姿勢を変えてはいけないってことなのかな。だとしたら、えらいこっちゃ。

現段階では、僕は姿勢を頻繁に変えることで、なんとか足腰や尻の激痛を乗り越えてきた。しかしヴィパッサナー瞑想でそれが禁じられるなら、最後までサバイバルできるのかどうか、まったく自信がない。僕はとりあえずコース・マネージャーにお願いして、座椅子を用意してもらった。

しかし座椅子を使い瞑想を始めても、腰の激痛は緩和する気配がない。むしろ座椅子の背が邪魔になる感じだ。雑念と激痛と睡魔との闘いは、しばらくまったく同じ調子で続いた。


ところが、である。

2日目の午後、はっきりとした変化が起き始めた。鼻腔の内側で感じる息の出入りに意識を集中していると、息が鼻腔に入るときと出るときとでは、温度に微妙な違いがあることに気づいたのである。

考えてみれば、鼻から入った外気は体内で温められて外へ出されるわけだから、温度に差があるのは当然である。ところが今まで、僕はその差を鼻腔で感じることができなかった。そして今、ようやくそのことを感じ始めた。昨日から瞑想を十数時間続けてきた結果、鼻腔の感覚が鋭くなったのであろう。

「ああ、これが呼吸を観察するということなのか……！」

この点に気づいてからは、息の温度差をつぶさに観察することにした。するとそれまでは微かだった温度差が、実にはっきりとしたものに感じられてくる。面白い。いつの間にか、僕は夢中になって、鼻腔に接する息の流れを観察していた。

そしてしばらく雑念を忘れた。

その間、腰や足や尻の痛みを忘れた。

するとその日の夜の講話で、ゴエンカ氏が僕の進歩を見透かしたかのように言う。

「心をほんの少しそばだてると、息が入ってくるとき、出てゆくときに、その温度の違いにまず気がつくでしょう。外の温度に対して体内の温度は、少し高くなっています。その分だけ、入ってくる息よりも、出てゆく息の方が、より温かくなっています」

なんだ、やっぱりお見通しか。

次なる課題は、集中力をより長く持続させることである。

集中力が持続するようになると、その間は激痛が和らぎ、身体全体がなんだか柔らかくなったように感じる。睡魔もどこかへ行ってしまう。

「そうか、激痛や睡魔のせいで集中できないと思い込んでたけど、実は集中力が散漫だからこそ激痛や眠気が襲ってくるのでは……？」

そう思いついてからは、変な言い方だが、「集中することに集中」した。しかしうまくいく時間もあれば、まったくダメな時間もある。その繰り返しである。ゴエンカ氏は、例によってそのことをお見通しである。

「たとえば皆さんが映画館や劇場に行ったとしたら、娯楽のために行ったとしたら、そこでは何時間も平気で座っていられるでしょう。なんの痛みも感じないでしょう。嫌になって、逃げ出したくなったりしないでしょう。気分が悪くなったり、眠くなったりもしないでしょう。ところがここではどうでしょう。痛みや苦痛を感じるか、さもなければ、眠くなってしまいます。瞑想のために座るやいなや、頭がぼんやりとしてしまいます。そして瞑想をやめると途端に、すっきりします。なぜでしょう」

たしかに……。

眠気や激痛を感じるのは、別に同じ姿勢で座っているからではなく、瞑想に集中できないからなのである。つまり集中さえできれば、激痛も眠気も克服できるはずだ。僕はそこに希望を見出した。その希望を感じられぬ人が、たぶん2日目に逃げ出したくなるのだろう。

いずれにせよ、3年間のマインドフルネス瞑想では一向に雑念が去る気配すらなかったのに、たった2日間の修行で一定の時間「雑念フリー」になれたことには、われながら驚かされた。同時に、こう思ったのである。

「ゴエンカ式、凄《すげ》え……！」

また、3日目が始まるころには、坐骨神経痛が完全に治っていることにも気がついた。坐骨神経痛なんて、ろくに運動もせずに座り続けていたら悪化するだけのはず。なのに、いったいなんで治ってしまうのか。心が整うと、身体も整ってしまうのか。

それから、ふと洗面所で鏡を見ると、知らぬ間に鼻毛がボーボーと伸び、両方の鼻腔から5ミリくらい（！）顔を出していることに気がついた。49年間生きてきて、こんなに鼻毛が伸びたことは一度もない。周りの人に気づかれないよう、慌てて切った。鼻腔に意識を集中するあまり、鼻腔内の細胞が活性化されて、毛が伸びたのであろうか。

不思議なこともあるものだ。

4日目の午後3時からは、いよいよヴィパッサナー瞑想が伝授される。

ゴエンカ氏によると、ヴィパッサナーはブッダが発見した真理を頭で理解するのではなく、自らの体験を通じて理解・実感するための瞑想法なのだという。同時に、私たちの潜在意識の奥深い部分にメスを入れる、心の手術でもあるという。したがって医者が病院で大手術をするのと同じように、周到な準備をして細心の注意を払って行なう必要がある。また、途中でやめてしまうのは危険だ。

「心の手術か……。なんだか緊張するな……」

全員が瞑想ホールに座り、いつもより厳かな雰囲気で指導が始まった。

それまでに、アーナーパーナ瞑想は第3段階に進んでいた。つまり、上唇を底辺とした鼻腔下の三角地帯の感覚に精神を集中させる修行である。僕の場合、最初は三角地帯に何も感じることができなかったが、次第にそこを通る息を感じ始めた。それをきっかけに、様々な微細な感覚が三角地帯にあることを発見していた。

ヴィパッサナーの指導が始まると、ゴエンカ氏は突然、常識的には到底不可能に思える芸当を僕らに要求した。三角地帯にある意識を「頭のてっぺんへ移動させよ」と告げたのである。

「頭のてっぺんに移動……?! そんなこと、できるわけ……あああああ！」

僕は正直、「頭のてっぺんに移動」と聞いた瞬間、あまりの離れ業のように思えて失笑しかけた。ところがゴエンカ氏の指導に従って意識を頭のてっぺんに移動させようとしたところ、いとも簡単に、百会《ひやくえ》のツボのあたりに微細な電流のようなザワザワした感覚が生じたのだ。

僕は自分に驚愕した。

「いったいなんで、こんなことができるんだろ、俺……?!」

それだけではない。ゴエンカ氏は、意識を頭のてっぺんから頭の表面全体に広げ、それを額、こめかみ、目、鼻、唇、顎、耳、後頭部……などと順番に広げるように指導した。そしてそれを素直に実行してみると、できてしまうのである、なんの困難もなく！

ゴエンカ氏はさらに、意識を首、左右の肩、上腕、肘から下、胸、お腹、背中……などと、足の爪先まで身体全体の部位を一つひとつ、くまなく巡らせるよう指導した。つまり全身の表面を意識でスキャンするわけである。

実際にやってみると、意識がすぐに通じるところもあれば、通じない「ブラインド・スポット」もある。ブラインド・スポットには最大1分程度、意識を止まらせ、それでも意識が通らない場合には次に移動する。そんな具合に、全身を上から下、そして下から上まで、何度も意識を往復させるわけである。

僕の場合、腕の内側や下腹部、足などの感覚が感じにくいようだった。逆に最も感じやすいのは頭部や顔、手のひらである。しかし訓練を重ねていくと、ゴエンカ氏がいうようにブラインド・スポットがなくなっていき、全身の感覚をくまなく感じることができるようになる。不思議だ。

「自分が求める感覚を探してはなりません。感覚は、客観的に観察して感じなさい」

「どんな感覚を感じても、感じなくても、アニッチャー、アニッチャー、アニッチャー。それは変化する、無常であるという理解を持って、完璧な平静さを保って、完璧な平静さを保って観察しなさい」


ゴエンカ氏のオーディオ指導が鳴り響く。パーリ語の「アニッチャー」とはブッダが唱えた重要な概念の一つで、「無常」と訳される。つまりどんな不快な感覚や快感を感じても、あるいは不快でも快感でもない中立的な感覚を感じても、それらは常に現れては消えるものなのだ、だからそれらに圧倒されることなく、客観的に平静に観察しなさい、という指導である。

ところがこれが、実に難しい。

恐れた通り、ヴィパッサナー瞑想では基本的に身体を動かしてはならない。特に「決意の瞑想」と銘打たれた1日3回のグループ瞑想では、1時間どんなことがあっても姿勢を変えず、目を開けないことが要求される。

すると、いくら自分にとって一番楽な姿勢で始めても、30分を過ぎるころから足や腰や臀部に痛みや痺れが出現し始める。45分くらいになると激痛や猛烈な痺れとなり、もう1秒も我慢できないくらい辛くなる。すると残りの15分があたかも永遠のように感じられる。はっきりいって、拷問だ。

初めて「決意の瞑想」を行なった際には、左足に恐ろしいほどの痺れを感じた。このまま放置しておいたら、足に血が廻らなくなって壊死を起こし、切断する羽目になるのではないかと本気で心配するような、経験したことのないような痺れである。エコノミークラス症候群という病気のことも頭によぎり、もの凄く不安になった。しかしこれもアニッチャー、無常なんだから平静に、平静に……。

その一方で、こんな疑念も頭をもたげた。

「しかし、本当にこれ、無常なんだろうか。これだけ足が痺れるってことは、鬱血《うっけつ》しているということを伝える身体からのメッセージであるはず。そのメッセージを無視して座り続けていたら、痺れはますます悪化するだけだろう。それが物事の道理、因果というものだ。いっそ一度くらい姿勢を変えてしまおうか……」

それでも僕は、最後まで姿勢を変えずに「決意の瞑想」を貫いた。

なぜ最後まで我慢できたのかといえば、一つにはゴエンカ氏に対する信頼である。なにせ僕のあのしつこい雑念を、2日間の修行で去らせた人である。また、何万人ものケースに当たってコースを改良してきた氏が、僕ら初心者に対して無理なことを要求するはずがない。1時間動かずに我慢させるのには、何か理由があるはずなのだ。

もう一つは、壇上で常に淡々と座っているアシスタント指導者の存在である。夜に行なわれる2時間近い講話の間、女性指導者は日本語以外の言語を担当するためホールを去ったが、男性指導者はホールにとどまり、ほとんど微動だにせず、ずっと座ったまま瞑想していた。講話が終わって立つときの彼の様子を注意して観察したことがあるが、そのときもまったくふらつかないし、足をかばったりする様子もない。痛そうな顔もしない。完璧に普通なのである。つまり、彼は2時間近い瞑想の後も、痛みや痺れを感じていないとしか考えられないのだ。

「瞑想を順調に修行していけば、いつかきっと、ああいう風になれるのだろう……」

そう思うことで、僕は初めての「決意の瞑想」を命からがら、なんとか乗り切ったのである。終わったときには臀部も足も腰も死んだような状態で、自力では足が動かないので手を使って姿勢を崩し、数分間は放心状態になっていた。

「これをあと5日間以上、毎日何度もやるのか。本当に耐えられるだろうか……」

ゴエンカ氏が「5日目に逃げ出したくなる生徒が多い」と予言していたのを思い出す。

休み時間、眠気を覚ますために洗面所で顔を洗っていると、小さなアマガエルが洗面台の上でじっと座っている。ハエか何かが通るのを待っているのだろうか。ずっと眺めていても、まったく動かない。

「凄いなあ……足とか痛くならないのかな」

尊敬の念を抱いた僕は、アマガエルに「達磨《だるま》師匠」と名づけた。

「そういえば達磨大師は、洞窟で何年も座禅を組んでいたために手足が壊死してしまったんだよな。だからダルマさんには手足がないって聞いたことがある。まあ、ただの俗説なんだろうけど」

しかし達磨さんのように足を失っても良いという覚悟はない。正午からの質問の時間、アシスタント指導者に問いをぶつけてみた。

「足に猛烈な痺れや痛みを感じます。このまま放っておいたら、本当に足を切断しなくちゃならなくなるのではないかと、不安になります」

彼は相変わらず笑みを湛えて静かに答えた。

「その痺れや痛みを、あたかも他人の足を科学者が分析するがごとく、平静に観察してください。すると痺れや痛みが変化したり、弱くなったり、強くなったりすることがわかるでしょう」

僕の足のことは、全然心配していないようである。その落ち着いた答え方には、経験に裏づけられた揺るぎない自信を感じる。僕もきっと、心配する必要はないのだろう。

「そうですか。あと、ときどき睡魔に襲われます」

「痛みや眠気が生じるのは、瞑想させたくないからです。瞑想の邪魔をしたいのです」

俺に瞑想させたくない？　誰が……？　心の不純物が……？

平生の僕であれば、そこで畳み掛けるように疑問をぶつけたであろう。しかしこのときはそんな気が起きなかった。今僕らは瞑想の実践をしているのであり、哲学的な論争をしても意味がないと思ったからである。

何かが僕に瞑想させたくないのであれば、それがなんであれ、いいじゃないか。とにかくそいつに、打ち勝ってやる……。

なぜかそんな気になった。

ゴエンカ氏の講話によると、ブッダは「苦」が生じる過程をヴィパッサナー瞑想を通じて見破り、それを滅する方法を発見した。

それによると、私たちの心は①意識、②知覚、③感覚、④反応、という4つのプロセスで構成されている。

①意識が、6つの感覚器官（目、耳、鼻、舌、皮膚、思考や感情）が何かと接触したときに「何かが起きた」という情報を受信し、

②知覚がその情報を識別・分類する。

③感覚がそれを「快／不快／中立」に分け、

④快感には「好き（渇望）」、不快感には「嫌い（嫌悪）」の反応（サンカーラ）をする。

実際には、この4つのプロセスは猛スピードで繰り返し行なわれる。瞬間的な心の反応（好き／嫌い）が無意識に繰り返されるうちに、それは「心の条件づけ」となり、どんどん強化され、固定されて「執着」となる。これが「苦」の原因となるのだ。

ちょっとわかりづらいので、具体的な例で考えてみよう。

瞑想修行合宿では「殺生しない」という戒律が守られているせいか、カエルやヘビ、蜘蛛、蚊、蛾、蝶、蜂、コオロギ、バッタなど、様々な生き物が平気でその辺をうろちょろしていた。大きなヤマトゴキブリもその1匹で、彼（彼女？）は夜になって講話が始まると、きまって瞑想ホールに顔を出し、床や座布団の上を自由に動き回った。ときには座布団の上でじっとして、触角をピクピク動かしながら講話を聴いている風だった。

ゴキブリが苦手な僕は最初のころ、彼の姿を見ただけでギョッとし、パニックになった。これを先の4つのプロセスに置き換えてみると、次のようになるだろう。
①意識が視覚を通じて、何か動くものを察知する。
②知覚がそれをゴキブリであると認識する。
③感覚が「不快」を感じる。
④自動的に「嫌悪」の反応（サンカーラ）をする。
ここで注意したいのは、①と②までは中立的で受動的な働きであるということだ。なにしろ、網膜に光が接して像を結び、それを脳が「ゴキブリ」と認識しただけだからである。そこに「好き」とか「嫌い」とかの価値判断は入らない。

ところが一度ゴキブリに対して③不快を感じ、④嫌悪の反応をしてしまうと、その記憶が潜在意識に残る。したがって次にゴキブリを見たときに、潜在意識は過去に蓄積されたデータを参考に、再び「不快」と感じ、自動的に「嫌悪」してしまう。

つまり好き嫌いという反応＝サンカーラは、プロセスの結果であると同時に、次回の反応の原因にもなるのだ。そのプロセスを繰り返すことで、好き嫌いの条件づけが強化される。「ゴキブリ、嫌い〜！」という感じ方が強まり、次第に執着が生じ、ゴキブリが自分にとっての「苦」になっていくわけである。煎じ詰めると、私たちの心は「快／不快」原則によって支配・束縛されているのである。

最大のポイントは、僕がゴキブリに不快感を感じて嫌悪したとしても、その責任はゴキブリには一切ないということである。その証拠に、鳥や蜘蛛はゴキブリを見れば「美味しそう」だと思うだろうし、異性愛のオスのゴキブリであれば、メスのゴキブリに性的魅力を感じたりもするだろう。そして多くの生き物にとって、ゴキブリは好きでも嫌いでもない存在であろう。ある対象に対して好悪の感情を抱くかどうかは、実は受け手にかかっているのである。

にもかかわらず、僕ら人間の多くは、ゴキブリを見ると、自動的に嫌悪してしまう。そしてそれが、私たち自身を苦しめている。

まあ、これがゴキブリくらいなら小さな苦だし、我慢できなければ駆除すれば済むかもしれないが、「上司」だったらどうだろう。あるいは「夫」や「妻」だったらどうだろう。権力のある「政治家」だったらどうだろう。彼らが視界に入っただけで吐き気を催すほどなのに、毎日、一日中、付き合わなければならなかったら？

まさか彼らをゴキブリのように殺すわけにはいくまい。かといって、彼らの言動や心を変えることも難しい。いちいち転職したり、離婚したり、外国に逃げたりするのも大変である。であるならば、嫌々ながら彼らと付き合うしかない。人生は文字通り「苦」と化す。

では、どうしたらこの「苦」の悪循環のプロセスから抜け出すことができるのだろうか。

ブッダは④の反応（サンカーラ）に鍵があると考えた。

なぜなら感覚がゴキブリを「不快」と感じてしまうのは、過去のサンカーラの蓄積によって自動的に起きてしまうわけだから、私たちにはどうにもしようがない。ところが「不快」という感覚が起きたときに、自動的に「嫌悪」という反応をすることをやめ、ただただ冷静に、平静な心を保ちながら観察したら、いったいどうなるか。

いかに強力な不快感も、「この世のすべては無常（アニッチャー）である」という法則を逃れることはできない。不快感があることにきちんと気づいた上で、平静を保って観察していると、不快な感覚はいつか必ず消えてしまう。

すると新しい嫌悪のサンカーラ（反応）は生まれない。したがって「苦」を生じさせるプロセス、悪循環がストップする。少なくとも理屈ではそうなる。

そしてこうした選択をすることが身につけば、もはや「不快感」などに振り回されなくなる。したがって嫌悪も苦も生まれなくなる。

それは自分に対する明らかに攻撃的な言葉に対してさえもそうだ。

たとえば、Aさんがあなたに対して「バカ！」と言ったとする。このプロセスを例によって分解してみると、
①意識が視覚と音声を察知する、
②知覚が「Aさんが自分に『バカ！』と言っている」と認識する、
③感覚が「不快」を感じる、
④自動的に「嫌悪」の反応（サンカーラ）をする、
という順番である。私たちは、「バカと言われたのだから不快に感じて当然だし、したがって嫌悪するのも正当だ」と思い込んでいるけれども、実はそれは当然でも正当でもない。

「バカ！」という言葉を冷静に観察すれば、それは「バ」と「カ」という単なる音の連なりである。したがって「不快」と感じる必要もないし、うっかり「不快」と感じたとしても、不快感が生じたことにきちんと気づいた上で、平

静さを保って観察していると、不快な感覚はいつか必ず消えてしまう。すると嫌悪のサンカーラ（反応）は生まれない。

ここで絶対に欠かせないのは、
①身体のあちこちに起きている感覚の存在に気づくこと、
②それらが無常であることを理解し、平静に観察すること、
の2点である。そしてこの2つを訓練するのが、ヴィパッサナー瞑想なのである。

留意すべきは、「あらゆる感情は身体の感覚としてしか知覚できない」という事実である。今度、強い怒りや悲しみ、喜びなどを感じたときにぜひ観察していただきたいのだが、「怒り」だの「悲しみ」だのを自分の中に探し当てようと思っても、そんなものはどこにも見つからない。あるのは、身体の感覚だけである。

たとえば「悲しくて胸が締めつけられた」という表現があるが、あれは悲しくなると本当に「胸が締めつけられるような感覚」が起きるからである。というより、「胸が締めつけられる」といった身体の感覚を通じて、私たちは「悲しい」という感情を初めて感じることができる。

「感動して鳥肌が立った」なんていうのもそうだ。感動という感情には実は本体などなく、あるのは「鳥肌が立つと同時に、胸がすっとして、手や足や頭が軽くなった」といった身体の感覚だけである。そうした身体の感覚を、私たちは「感動」と呼んでいるにすぎない。心を観察しようと思ったら、私たちは身体の感覚こそを観察すべきなのである。

ヴィパッサナー瞑想をする際に姿勢を変えるのを我慢するのも、ここに理由がある。

僕が身をもって体験したように、瞑想初心者が同じ姿勢を保ちながら瞑想をしていると、足や腰などに強烈な痛みや痺れが襲ってくる。

ゴエンカ氏の講話によると、これは過去に蓄積されたサンカーラが、痛みや痺れとして表面に浮き出たものなのだという。しかしこの痛みや痺れを平静さを保ったまま観察していると、やがてそれらは消えていく。するとさらに古いサンカーラが痛みや痺れとして表面化し、やがて消えていく。現れては消え、現れては消えていく。

このようにして古いサンカーラが薄皮をはいでいくように消滅していき、心が浄化されていく。つまり心の浄化のプロセスを始めるためには、痛みや痺れから逃げず、正面から向き合わなければならないのである。痛みや痺れといった身体の感覚こそが、心の状態を表しているからである。

ただし痛みが現れたときに、「痛い！　我慢ならん！」と嫌悪で反応してしまったらどうなるだろうか。新しい嫌悪のサンカーラが生まれてしまうので、むしろサンカーラを増やすプロセスに入ってしまう。だからこそ、不快感に接したときの平静さが重要なのである。

だが、言うは易し、行なうは難し。

自分の足や腰に起きる痺れや痛みを、あたかも他人の足を科学者が分析するがごとく平静に観察しろなどと言われても、なかなかそうはできない。痛みに悲鳴をあげそうになるのだ。それでも僕は、「座ったら1時間は動かない」という決意を固め、瞑想を繰り返していった。同時に、こんなに辛いことをどうして自分が繰り返し我慢できるのか、なんだか不思議だった。

そんななか、こんな気づきもあった。

休み時間、瞑想でこわばった下半身を、入念にストレッチしていたときのことである。膝をゆっくり伸ばしていると、心地よい痛みを感じる。だが、この「痛み」をよく分析してみると、驚くべきことに、その質は瞑想時に感じる、あの堪え難い痛みとまったく同じなのだ。にもかかわらず、ストレッチをするときには、僕はそれを「心地よい」と感じる。それはなぜなのか。

結論から言うと、それはストレッチが一時的かつ自分でコントロールできるものだからであろう。膝を伸ばすのをやめたら即座に消える痛みであるとわかっているからこそ、我慢できるどころか「心地よい」とさえ感じるのだ。

その証拠に、ストレッチ時に感じる痛みが永遠に続くことを想像してみると、とても堪え難いことがわかる。逆に言うと、瞑想時に痛みを我慢しがたいのは、それがいつかは消える無常＝アニッチャーであるということを、心から信じることができないからなのである。

以来、僕は瞑想しながら、足などに痛みを感じ始めたら「ああ、よく伸びてる、伸びてる」とストレッチ時の痛みのごとく扱うことにした。そうすると、いくぶん平静さを保ちやすい。

ゴエンカ氏は指導のたびに「どんな感覚もアニッチャー、無常であることを理解しなさい」と繰り返す。その意味がようやく少しわかったような気がする。

休み時間にシャワーを浴びていると、狭いシャワールームの中を1匹の蚊が飛んでいることに気づいた。弱々しいゆっくりとした飛び方なので、普段なら「パチン」と叩いて一巻の終わりであったであろう。

ところがここには「殺生しない」との戒律がある。僕は近づいてきたらよけようと、蚊の動向を注視していた。

すると蚊は、僕の方へは一向に寄ってこず、濡れた壁に止まって手や足を動かして身繕いをし始めた。なかなか優美な仕草である。

「なんだ、俺と同じ、水浴びだったのか。食事どきではないのだな」

蚊＝俺の血を吸いにくるもの、と頭から決めつけていた自分が恥ずかしい。

シャワー棟を出ると、すぐ側で額紫陽花が咲き乱れている。

花の一つひとつをよく見ると、一輪の花だとなんとなく認識していたものが、実は小さな花の集合体で、しかもそれら小さな花の一つひとつは、完全に開いていたり、開く途中だったり、つぼみだったりと、いろんな段階にある。

ここに生き物の世界の縮図があるように感じられた。


実はヴィパッサナーに入ったころから、痛みや眠気以外に、もう一つ僕を苦しませるものが生じていた。

「臭い」である。

僕の近くに座っている生徒に、体臭の強い人が一人いた。いや、実はそんなに強いわけではないのかもしれないが、ヴィパッサナーの修行で鼻の感覚が鋭敏になっている僕には、ときに堪え難いほどの臭気が襲ってきた。特に空調の調子で室温が高くなると、途端に彼の臭いが鼻をつく。これが実に「不快」で、僕は自動的に「嫌悪」によって反応していた。

するとだんだん、その人のことが憎くなってくる。痛みや眠気だけでも辛いのに、なんで君の臭いまで我慢させられなくてはならないのか。ちゃんとシャワー浴びて着替えろよ。迷惑なんだよ。そういう声が、心の中で日増しに大きくなっていった。

ところがある日、瞑想しながら、ふと気がついた。

「あれ？　臭いも感覚なんだよな。ってことは、痛みと同じように平静に観察すればいいのでは？」

そう気づいてから、僕は本能的・潜在意識的には絶対にやらないであろうことを、意識的にやり始めた。鼻から思い切り息を吸って、科学者のごとく臭いをつぶさに観察・分析するのである。

するとあら不思議。

嗅覚も聴覚や視覚などと同様、単なる感覚にすぎないことが実感される。たしかに「不快」ではあるが、だからといって「嫌悪」する必要はないのである。今から考えれば、なんでそのことにすぐに気づかなかったのか不思議なのだが、とにかくそう気づくには、数日間の苦しみが必要だった。きっと痛みとの闘いに気を取られすぎて、他の感覚が視野にさえ入らなかったのであろう。

いずれにせよ、その気づきを得て平静さを保てるようになってからは、不思議なことに、彼の臭いそのものを感じることが少なくなっていった。今思えば、あの臭いは僕にとっての一種の「試練」だったのだと思う。

なるほど、これがゴエンカ氏の言う「ブッダが唱えた真理を、理屈ではなく体験で理解する」ということなのか……。

瞑想によって自分の潜在意識と性格そのものが変化していることを、実感させられる出来事もあった。

昼食時、食堂でお皿におかずを盛り付けていたら、隣に並んでいた人のお盆から、うっかりお皿がコンクリートの床にすべり落ち、大きな音を立てて砕けてしまった。当然、お皿の上にあったおかずやお皿の破片が周囲に飛び散る。

そのとき、自分でも驚くようなことが起きた。僕の身体がなんの躊躇もなく面倒くささも感じず自動的に動き、率先してお皿の破片等を片づけていたのである。お皿を落とした人に対する苛立ちも、ほんのカケラさえ感じなかった。

このことを修行終了後、僕の性格をくまなく知っている規与子に話したら、他のどんな話に対してよりも、驚き感心していた。

「凄い！　それ、想田くんじゃないみたい」

実に恥ずかしい話だが、僕はこれまでこうした局面では、自分の手を汚すのが嫌で（これも嫌悪だ）、真っ先に遠くへ逃げてしまう性格だったのである。

いや、自分がそういう性格であるということは、たぶん認識さえしていなかった。初めて気づいたのは、実際にお皿の破片を片づけている最中のことである。なぜならそれは、自分にとって実に新しい感覚だったからだ。そして悟されたのだ、ああ、僕はこういうときに、いつも逃げていたな、と。

この一見ささいな出来事は、瞑想によって潜在意識に蓄積されたサンカーラが取り除かれて、心が浄化していくという半ばオカルト的な理論への信憑性を、僕の中で高めてくれた。なぜならあのとき、僕は道徳的に「ここは破片を片づけるべき」と頭で考えて行動したのではなく、まさに無意識に身体が勝手に動いていたからである。

こんなこともあった。

ゴエンカ氏の講話でのことである。氏によると、社会で生きていれば、他人に対して強い言葉を発したり、強い行動に出る必要がある場合に遭遇するという。

そう聞いたとき、僕はすぐに政治について思いを巡らせた。たとえば、政治家が誤った言動をしていたら、ときには強い言葉で批判したり、声明を出したり、デモやリコールといった強い行動に出なければならない。それが私たち主権者としての責任だ。実際、僕はこれまでそうしてきたつもりだ。法律の不備を正すため、国を相手取った裁判2件の原告にもなっている。そしてそのことを、ある種誇りに感じてきた。

ところがこの話には続きがある。

氏によると、そうした強い言葉を使ったり、行動に出たりする前に、自分の中に「怒り」や「嫌悪」の感情がほんの少しでもないかどうか、よく点検する必要があるのだという。そして点検した上でそうした感情がなければ、強い言葉を使ったり、行動に出たりしてもよい。しかしそうした感情がほんのカケラでもあるなら、やめるべきだというのだ。なぜならそれは、良い結果をもたらさないからである。

僕はそれを聞いたとき、心から本当に「まったくその通りだなあ」と腑に落ちた。そしてこれまでの自分の言動を深く反省した。僕が強い言葉を使ったり、行動に出たりする際には、ほとんど必ず、嫌悪感や怒りが伴っていたからである。

というより、ツイッターやフェイスブックなどで政治的発言をする際には、むしろ自分の嫌悪感や怒りを言葉にうまく乗せるように、工夫していた面さえある。その方がリツイートや「いいね」を数多くもらえて発言が広く拡散されることが、経験的にわかっていたからである。そして拡散されれば自分の承認願望も満たされ、「快感」を得ることができる。要は「嫌悪」を使うことで、「渇望」をも増殖させていたわけである。

それは社会の側から見れば、人々の嫌悪感や怒りに火をつけ、煽るような行為である。火に油を注ぐような、罪深い行為である。その結果として生じるのは、より人々の心が荒廃した、暴力的な世の中だ。

そう、素直に結論づける自分に、僕は少なからず驚いた。今までの僕なら、「まあ、そうは言うけどねえ」とゴエンカ氏に反発を覚えて心の中で反論していたであろう。

だが、このときの僕は違った。なんだか憑き物が落ちたように、これからはソーシャルメディアなどでの発言の仕方を根本から変えよう、と心から思った。

「こんな風に素直に思えるのは、きっと僕の潜在意識にあった暴力的なサンカーラが、瞑想によって剝がれたからなのではないか」

僕にはそう思えた。

ちなみに、これは後で「聖なる沈黙」が解けたときに同室の人から聞いた話だが、合宿が始まったころ、僕は夜中にうなされて、「死ね！　このくそおやじ！」などと日本語と英語混じりの大声で寝言を言っていたそうである。よほど大きい声だったらしく、同室の人はみんな僕の寝言を聞いていた。

実に迷惑かつ恥ずかしい話だ。しかしこれもゴエンカ氏が解説するように、僕の潜在意識に潜んでいた暴力性が、瞑想で表面化した証拠なのではないかと思う。

「このようなコースに参加し、アーナーパーナを修行し始め、自然な息が流れるままに観察するやいなや、心の手術が施されます。すると心の表面にある不純物が、揺さぶられます。多くの場合、思いはこの心の表面にある不純物に彩られ、影響を受けています。思いはときには怒りで満ち満ちています。ときには憎しみで、ときには恐れで、ときには熱情で、ときには渇望でいっぱいです。心の表面にある不純物が、思考に影響を与え始めるのです。夢でさえも、この心の表面にある不純物の影響を受けます。というのは、心の手術が始まり、この瞑想法により、表面上の不純物が揺さぶられ出したからです。初めてコースに参加した人は、どうして自分はこんなに不純な思いを持っているのか、濁った夢を見るのか、汚濁に満ちているのかと、いぶかることが多くあります。アーナーパーナの修行を始めると、そのような汚れた思いが揺さぶられ、表に現れ、人を圧倒するのです」

規与子によれば、修行を終えて帰ってきた後も、僕は寝言を言っていたらしい。そしてその内容とトーンに仰天したらしい。なぜならそれは、まるで聖者のごとく「Who are you? Please go away.（あなたは誰ですか。ここを立ち去ってください）」と低い声で冷静に言う寝言だったからである。

そんなこんなで、僕は辛い思いをしながらも、なんとか根気よく、ヴィパッサナー瞑想を続けていった。

するとそのうち、あれほど強烈だった痛みが、スーッというミントのような清涼感とともに消えていくことも、体験し始めた。そんなときには、熟睡して起きた朝のようなスーッとする清涼感が脳内にも出現し始め、頭が冴えまくる。痛みも和らぐ。恍惚としてくる。

「なんだこれ。ドーパミンか何かが出てるのだろうか?」

こうした恍惚状態で瞑想を終えたときには、強い達成感と喜びを感じた。

外に出て山を眺めていると、視界に入る膨大な数の葉っぱの一枚一枚すべてを、同時に認識できてしまうような気がする。たとえて言えば、4Kどころか8Kの高画質映像を眺めている感じである。

「なんだ、瞑想って実はめっちゃ気持ちいいんじゃん……」

講話によれば、実はこうした快感は、「嫌悪」とは対になる「渇望」をもたらすので、やはり平静さを保って観察しなければならない。しかしついつい、その気持ちよさに酔ってしまう。嫌悪や怒りは不快になるから避けたいけど、快感まで避ける理由があるものか、こんなに気持ちいいのに……。そういう意識が、どこかに残っていたのだと思う。

だが、そのしっぺ返しは案外すぐにやってきた。合宿開始から8日目のことである。

そのころの僕は、瞑想するのが半ば楽しみになっていた。痛みを平静に観察していけば、あの快感がまた得られる……。そう無意識に思いながら、座り始めていたのだと思う。

ところがこの日の午後は、いくら平静に観察していても、足や腰に感じる猛烈な痛みが消えてくれない。スーッとする清涼感もまったく訪れてくれない。以前の自分に逆戻りである。

この後退は、存外、骨身にこたえた。「明日は今日より楽になる」と思うからこそ、これまで激痛にも耐えてこられたのに、これでは希望がなくなってしまうような気がしたからだ。極端に聞こえるかもしれないが、僕はこのとき、瞑想をやめて家に帰ってしまおうかとさえ、本気で思った。

しかし、休み時間に散歩をしながら、ふと思った。

「今の自分の態度こそが、日ごろ自分がドキュメンタリー作りで戒めている〝予定調和〟ではなかったか？」

先述した通り、僕は「観察映画」と称してドキュメンタリー映画を作ってきた。

観察映画の手法の大きな特徴の一つは、事前に対象に関するリサーチをせず、台本も書かないことである。とにかく頭を空っぽにして、どんなことが起きるか期待せず、ぶっつけ本番で目の前の現実を虚心に観察しながらカメラを回す。そして観察した結果、発見したことを映画にしていく。

そのときに邪魔になるのが、「できれば、こういうことが起きてほしい」という自らの欲望である。

カメラを回していると、目の前の被写体の人が「こういうことを言ってくれたらなあ」などと夢想してしまいがちだ。しかしそうすると意識が「未来」に飛んでしまい、「いま、ここ」で起きていることに集中できなくなる。そして撮影で失敗を犯す。

また、「こういうセリフを言ってほしい」という欲望が募ると、質問を通じて答えを誘導してしまうようなことも起きる。そうすると映画は予定調和に陥り、自分の思ってもみないような発見など、できなくなる。そして面白みのない、通俗的な作品ができあがるのだ。

実は以前NHKなどのテレビ番組を作っていたときは、局のプロデューサーから撮影前に入念なリサーチと台本を要求されるのが常だった。台本には起承転結を作り、ナレーション案を書き込んだ。想定されるインタビューの答えまでも書き込み、エンディングも事前に決めなければならなかった。そういう台本を何度も書き直し、プロデューサーからゴーサインが出て初めて、撮影に出ることが許された。それが業界のスタンダードな作り方だった。

　しかしそれをすると、どうしても台本や自分の欲望に縛られ、今述べたような落とし穴に陥ってしまう。すでに台本に書き込んだことを追い求め、書いた通りのことが起きることを渇望し、目の前の現実を虚心に観察できなくなってしまう。そしてそのことに疑問を募らせたからこそ、僕はテレビ制作から離れ、インディペンデントで観察映画を作り始めたのであった。

　ところが今の僕は、瞑想でその落とし穴に自ら落ちようとしていた。

瞑想時に感じる「快感」を平静に観察することを怠り、自動的に「渇望」し、いつの間にか、次に座るときにも快感を探し求めていた。いわば「快感の予定調和」である。そしてそれが思うようにいかないので勝手に落胆し、「苦」の悪循環に陥っていたのである。

ドキュメンタリーを撮っているとき、ときどき自分でもびっくりするような、素晴らしい場面が撮れてしまうことがある。そういうときは、実にうっとりするような「快感」を覚える。するとそれをまた期待・渇望し、同じような場面を再現したくなるものなのだが、そんなことは絶対に起きえない。逆に再現しようとすればするほど、それは遠のくものである。すべては一回限り。無常なのだ。

実は瞑想も同じであると、ここまで考えて気がついた。

そう、快感への「渇望」は、不快感を「嫌悪」することと同じように、「苦」を生むものなのだ。なぜなら渇望したものは、常に手に入るとは限らないから。

それは僕がここ数年、次第に募らせている「苦」でもあった。

映画を作り発表し続けていると、自作の作品的・興行的な成功さえも、「苦」の元になることを痛感させられる。

たとえば僕の場合、デビュー作である『選挙』（2007年）や2作目の『精神』（2008年）が、自作の中では最も売れて、今でも代表作であるように言われている。だから新しい作品を作るたびに、なんとか過去の自作を超えたいと思うわけだが、作品的には超えられたと思った場合でも、なぜか興行的に超えることができないでいる。

まあ、それでも僕がまだキャリアをスタートさせたばかりなら、未来に希望も持てるのだろう。しかし僕の場合、すでにキャリアも中堅である。

これから老いていけば、気力も体力も知力も衰え、したがって作品を作る能力も下降していくばかりであろう。そう考えると、自分の新作が過去作よりも興行的に不調なたびに、自分がなんだか世間から忘れられていくような、底なし沼へとズルズルと沈んでいくような、焦りと恐怖を感じてしまう。変な話だが、自分の過去の成功が、今の自分を苦しめるのである。そしてこれが、「渇望」の本質なのである。

だからこそ僕の仕事机の上には、「少欲知足」という言葉が掲げられている。僕はその字を睨みながら、「今の自分」「今自分が持っているもの」に満足しようと自分自身に言い聞かせてきたのだ。

しかしそれは、所詮は頭で考えることである。快感を渇望する潜在意識は、そのまま手つかずだ。だからこそヴィパッサナー瞑想によって、心の手術をする必要があるのだろう。

休み時間が終わるころ、僕の気持ちはすでに切り替わっていた。

「次の瞑想では、とにかく自分に何が起きるか、虚心坦懐に観察してやろうじゃないか。観察映画と同じだ。発見が大事なのだ」

8日目の夕方6時、僕は「決意の瞑想」を始めた。

「これから1時間、一切何も期待せず、自分になにが起きても、とにかく平静に観察するぞ……」

ところがこのときから、ゴエンカ氏は新しいことを指導し始めた。全身をくまなくスキャンすることができたら、今度は身体全体を同時に感じてみなさい、という指示である。

僕は指導に従って、身体全体を同時に感じる努力をし始めた。

ところが、左足と腰が猛烈に痛み出す。努めて平静に観察してはいるものの、これは超特大級の、死ぬほど激しい痛みである。いつまで平静さを保てるのかわからないほどだ。いったいあと何分くらい我慢すれば、瞑想が無事に終わるのか。

しかし「決意の瞑想」をするときには、身体を動かすことだけでなく、目を開けることも禁じられている。したがって時計を見ることもできない。

これまで部位ごとに身体をスキャンするときは、瞑想が始まってどのくらいの時間が経ったのか、実はなんとなく把握することができていた。なぜなら全身を一通りスキャンするには、始めたころは20～30分かかったが、今ではだいたい10分くらいかかることが経験的にわかっていたからだ。

つまり今までは、6回ほど全身をスキャンしたころには、「決意の瞑想」が終わると予想できていた。したがって僕はこれまで、「あと2回！」などと自分に言い聞かせて歯を食いしばり、瞑想の終了時間までなんとか痛みに耐えてきたわけである。

ところが全身を同時に感じる段階になると、時間の経過がまったくわからなくなる。あと10分我慢すればよいのか、実は30分我慢しなければならないのか、およそ見当がつかない。

死ぬほどの痛みに襲われている身としては、これが絶望的に辛かった。なにせ普通だったら1秒も耐えたくないような痛みを、いつまで我慢すればよいのか予想すらできないのである。

ところがこの苦しみが臨界点に達したとき、奇跡が起きた。

「くそう、こんな身体、もう俺ではない。俺じゃないんだから、永遠に痛みが続こうがどうでもいい。勝手にしろ！」

そう、半ばやけくそで念じた。そしてなんとなくかばっていた腰を完全に放置した。英語でいうと「Let it go」したわけである。

すると突然、足と腰の激痛を含め、全身の感覚がスーッとみるみるうちに消えていく。感覚が、身体が、完全に溶けていく。閉じたまぶたに感じる明るさが増す。身体がなくなり、目と鼻と耳だけが空中に浮かんでいる感じになる。

「な、な、なんだ、これ……っ！　解脱しちゃったのか、俺……?!」

正直、焦った。しかしすぐに気を取り直した。

「うろたえちゃだめだ。平静さ、平静さ、平静に観察……」

すると、以前と同じように耳が聞こえることに気づく。また、明るさを感じるわけだから、視覚も残っているはずだ。鼻では呼吸も感じられる。ってことは、感覚そのものが消滅したわけではないし、解脱したわけでもないということだ。しかし心の穏やかさといったら、かつて経験したことのないものである。

「ああ、なんて平和なんだろう、永遠に続いてもいいな、これ……」

さっきまで感じていた猛烈な痛さや地獄の苦しみが、嘘のようである。心には何の不安も渇望も嫌悪もない。これほどまでの多幸感を、これまでの人生で味わったことがない。

しかしこの快感に酔ってはいけない。平静に観察せねば……。

よく観察すると、全身の感覚が完全になくなったわけではないということがわかる。非常に微細な感覚が、微かにざわざわしているのである。

問題は、これをいつまで続けるか、である。っていうか、どうやってこの状態を抜け出すんだろ。抜け出し方、習ってないもんな……。でもすべては無常なんだから、そのうち勝手に解けるのだろう……。

やがて「決意の瞑想」の時間が終わり、休憩時間に入った。生徒も先生も、瞑想ホールから出て行く。僕は自分でもどうしていいのかわからず、瞑想したままの状態でポツンと取り残された。しかし誰も気にかけていない様子だ。

10分くらい経過しただろうか。鐘が鳴り、生徒や先生がホールへ戻り、1日の終わりの講話が始まった。するとだんだん、全身の感覚が戻り始めた。足や手の外側が、少し痛む。

思い切って目を開けると、いつもの瞑想ホールの光景が、通常通りに目に入ってきてほっとした。同時に、顔や頭や首の感覚が麻痺したようにロックされていて、なかなか動かないことに気づく。しかしそれも徐々に解け、「普通」

に戻っていった。

なんだか嬉しいような、もったいないような。こんな凄い体験、ほかに誰ができるというのだろう。もしかしたら先生だって体験したこと、ないんじゃないか。あっ、でも規与子も「解脱の入り口に立った」的なことを言ってたな。もしかして、規与子も今俺が体験したことを体験したのか？


ところがゴエンカ氏の講話が始まって、僕は戦慄させられた。氏は、今まさに僕が体験した「状態」について、話し始めたのである。

「最も荒々しい強い感覚から始まって、やがては全身が開き、すべての凝固が溶け去り、全身を細かい粒子の集まりのように感じるときがやってきます。ごく小さな粒子。カラーパ。その小さな泡が生まれては消え去る。さざなみが現れては消え去る。そのとき皆さんは、全身にエネルギーの流れを感じ取ることでしょう。非常に心地よく感じるでしょう。これは大変重要な地点です。すべてが溶け去ります。これはバンガ、溶解と呼ばれます。肉体と精神、その全体が溶解します。この、一見固体に見える身体のどこを探しても、凝固した部分がなくなるのです。と同様に、心にも少しの塊も見ることができません」

ひええ、あれ、バンガっていうのか。あんなに凄い、解脱と見まごうかのような神秘的な体験すらも、ゴエンカ氏には完全に想定内だったのか……！　一つひとつ修行の段階を踏んでいけば、誰もが到達する地点だったのか……！

それはおそらく、説明書通りに配線を行なえばテレビから映像と音声が出力されるような、至極当たり前のことなのであろう。「自分だけが体験できたことではないか」と一瞬でも思ったことが、恥ずかしい。

講話の後は、もう一度全員で15分程度、短い瞑想を行なう。すると僕は、すぐに「バンガ」に突入した。先ほどの感覚が、まだ身体に残っていたのであろう。

瞑想の後は、先生への質問タイムが用意されている。バンガの状態にもう少し止まっていたいという気持ちもあったが、この状態に入ったら自分はどうしたらいいのか、先生に聞いておく必要がある。僕は半ば無理やりバンガを解いて、壇上に座る先生の前に座った。

「実は6時からの瞑想で、先ほど講話で話されていた『バンガ』という状態……だと思うんですが、それに入ってしまいました。講話の後の瞑想でも、また同じような状態になりました。僕はこれから、どうしたらいいのでしょう」

先生は驚いた様子もなく、相変わらず笑みを湛えながら静かに答えた。

「それは良いことですが、やることは同じです。一番大事なのは平静さを保って感覚を観察すること。感覚を観察し続けてください」

「一瞬、感覚が消えたようにも感じたのですが、なくなるわけではないんですね」

「そうです。初めてのときはびっくりすると思いますが」

「はい、もの凄くびっくりしました」

「しかしそこで重要なのは、平静さを保つことです。平静さを保って身体の感覚を観察し続けてください」

ゴエンカ氏の講話によると、バンガに入ることは修行の上で重要なステージであるが、同時に危険でもあるという。なぜなら「解脱」を渇望してしまう人が多いからである。そして追い求めれば追い求めるほど、解脱はかえって遠のいてしまう。

解脱にすら「執着」するのは禁物であり、あくまでも平静さを保つことが必要なのだ。

本当に難しい道である。

9日目は、瞑想に入るたびに「バンガ」に入ることができた。

とはいえ、昨日のように全身の感覚が完全に均一になることは稀だった。粗雑で凝固した感覚が、身体のあちこちに現れては消えるような、まだら模様な感じである。

それにバンガに入ると、再び足や腰に強烈な痛みがやってくる。昨晩はバンガによって激痛がすべて消えたのに、なんで？

ゴエンカ氏によると、潜在意識にはバンガの状態にならないと表面に出てこない、深い部分に眠っているサンカーラ（反応）があるのだそうだ。したがってバンガに入ってから痛みが生じたとしても、それは「後退」ではなく「進歩」なのだという。

いずれにせよ、僕のやるべきことは、痛みを平静に観察することである。痛みは足や腰の中をゆっくりと移動し、最後には清涼感とともに消えていく。するとすぐに新しい痛みがやってきて、ゆっくりと移動しては、やがて消えていく。その繰り返しである。

つまり個々の痛みは消えていくものの、常にどこかが猛烈に痛いわけである。だから平静さを保つのは大変なのだが、これによってサンカーラが消えていくのであれば、我慢のしがいもあるというものだ。

ゴエンカ氏はこれを「積年の借金を返すようなもの」だと表現していた。たしかに〝借金〟を作ったのは自分自身なのだから、仕方がない。ならば徹底的に返してやろうじゃないか。


最後の巨大なサンカーラがやってきたのは、10日目の早朝のことである。

「こ、これはでかいぞ……！」

バンガに入ると、もの凄い大きい塊のような痛みが、左足に出現してゆっくりと移動し始めた。僕は大きな魚を釣り上げるようなつもりで、その痛みをじっくりと観察しながらフォローしていった。すると2時間の瞑想時間が終わる直前、痛みの塊は次第に小さくなって勢力を弱めながら、足の裏の方へ移動し、「シュワ〜ッ」という感じで消えていった。

実はその後、家に帰ってからも毎日、朝と晩に1時間ずつヴィパッサナー瞑想をしているが、一度も強い痛みに襲われたことはない。1時間座っていても、ほとんど痺れもしないし痛みも感じない。あんなに痛かったのが、嘘みたいだ。

ということは、僕の大きなサンカーラは、すべて消滅したということなのだろうか。それとも、1日2時間の瞑想では表面化しないような、もっと大きいサンカーラが、どこかに潜んでいるのだろうか。

いずれにせよ、痛みや痺れが座った姿勢から生じる、単なる鬱血などの身体的反応であるならば、これほど急に、一切何も感じなくなったという現象は説明しにくい。僕の性格上の様々な変化も合わせて考えれば、やはり蓄積されていたサンカーラが消えていったのだというゴエンカ氏の説明の方が、無理がなく自然であると思う。


さて、10日目の午前、いよいよ「聖なる沈黙」が解かれた。

明日「娑婆」に戻る前に修行者同士で会話を交わし、社会復帰するためのリハビリをするのである。

最初は何を話していいのか戸惑ったが、話し始めると止まらない。お互いの参加の動機や修行の感想、体験などについて、わいわいがやがや、半ば高揚しながら語り合う。

瞑想マニアだというお父さん、営業職だというサラリーマン、脳科学を勉強しているという大学生、就活が終わったばかりだという大学院生、仕事を辞めたばかりなので今のうちに参加したという離職者、東京の会社で働いているというドイツ人、東京大学に留学しているというネパール人、「ニート」を自称する青年などなど、様々な背景の、様々な人々が、様々な理由で参加している。

瞑想マニアのお父さんが、隣にいた自称ニート青年に力説している。

「いやあ、でも、ここの修行みたいに心の汚れみたいなネガティブなものから出発するのって、どうなのかなあ。もっと楽しいことに集中した方が、人生楽しくなるでしょう。実際、そういう瞑想もあるんだよ」

この期に及んでブッダの教えの根本を否定するとは、なかなかのツワモノである。いちおう横から反論しておいた。

「でもそれって、まさに渇望を生むわけでしょう」

「まあ、そうなんだけどね。でもやっぱり楽しいことが増えれば、人生、楽しくなるじゃん？」

「いや、楽しいことが起きてほしいと思っても、常に起きるとは限らないから苦しくなるっていう話じゃないですか？」

やりとりを聞いていた隣のベッドの営業マンが、僕に質問して話題を変えた。

「僕も参加して良かったですけど、痛いの、結局なくなんないですよね。なくなりました？　痛み」

そこでバンガの体験を話すと、みんな「えっ、凄いですね」と驚いていた。どうも僕の周りでは、バンガを経験した人はいなかったようなのである。

食堂では、昼食時に「ダーナ（寄付）」と書かれた看板とともに、小さな机が設けられていた。「古い生徒」の一人が寄付を受けつけている様子だ。

しかし生徒一人ひとりに寄付を呼びかけるわけでも、全体に声をかけるわけでもなく、実に奥ゆかしい。これでは事実上、何も払わずに帰ることもできるであろう。

僕は貴重品袋から財布を出してもらい、自分なりに正当だと思う額の寄付をした。コスト感覚のない規与子が寄付した金額が、あまりにも低かったので、夫婦二人分をお渡ししたつもりだ。

戒名などと違って、誰にも「まあ、相場はいくらくらいです」なんて言われない。だからあくまでも、自分の基準での判断である。しかし後で電話で母親に聞かれたので金額を教えたら、「そんなに払ったん?!」と驚かれた。

「でも、それはよかったよ。自分だけ儲かるってのは、よくないんだから。人様からもらったものは、人様にわけなくちゃいけないいんだから」

「いや、別に儲かっちゃいないんだけどな……ていうか、そんなに大げさに驚くような金額かなあ」

僕としては、できることなら実際に支払った金額の10倍くらいはお渡ししたい気持ちだった。いや、10倍でも「これで十分」とはいえないだろう。いただいたものの価値は、金額には換算できないように感じたのである。

聖なる沈黙が解かれた後も、何度かホールでグループ瞑想をする機会があった。すると修行中に沈黙が課されていた理由が、すぐにわかった。瞑想に入ろうとしても、ついさっきまで話していた内容が頭で反芻《はんすう》されて雑念となり、なかなか集中できないのである。

「娑婆に出たら瞑想なんかできるのかな……」

やや不安になる。

しかし雑念に支配されたときは「これが今の私の現実」として、雑念だらけの自分を観察すればいいのだ。観察という行為は、いくらでも次元を上げることができるので、観察することを忘れない限り、原理的に「失敗」というものはありえない。「失敗」する自分を観察できれば、それは観察としては「成功」なのである。

瞑想指導の最後は、「メッター瞑想（慈悲の瞑想）」の伝授である。

といっても、これはいたってシンプルだ。ヴィパッサナー瞑想が終わるたびに「生きとし生けるものが幸せでありますように」と念じるのである。

合宿11日目の朝、僕らは大掃除をした後、笑顔で帰途に就いた。

翌日は成田空港からニューヨークへ帰るので、空港近くにホテルを予約してある。僕は電車で成田駅へ向かった。成田駅からは、ホテルの無料送迎バスが出ている。

しかしバスの時間まで、30分くらいある。お腹が空いていたので、停留所の近くに見つけたお店で、ラーメンでも食べることにした。ときどき利用するチェーン店である。

娑婆に戻ったばかりなので、なるべくお腹に優しそうなものをと、野菜ラーメンを注文した。ところが食べてみてびっくりした。味が濃すぎて、舌がヒリヒリするのである。

「あれ？　この店ってこんなに味濃かったっけ」

味が濃すぎて、完食できずに店を出た。食事は基本的に残さないたちなので、これはちょっとした事件である。

ヴィパッサナー修行は身体の感覚を鋭敏にさせるので、舌も敏感になっているのだろう。実際、この後ホテルや機内で食べた食事も、そのほとんどが味が濃すぎて美味しいとは思えなかった。そして舌がヒリヒリした。のみならず、かなり重症の下痢になった。

平均的な消費者を満足させる食べ物を、敏感になった身体がもはや受けつけないのだろう。逆に言うと、一般の人の身体は、こんなに強い刺激でないと満足できないくらい、鈍感になっているのではないだろうか。いや、僕だって10日前までは、確実にそうだったのである。

刺激といえば、駅や街中で見る看板や音も、あまりにこちらに迫ってくる力が強すぎて、神経が休まらない。できることなら、目を細めて耳を覆いたくなるような感じである。

しかし今後街を歩かぬわけにはいかないのだから、目を背けて見ないようにすることには意味がない。平静さを保って、自分の身体の感覚を観察することで対処すべきである。いや、観察するよい機会だ。というより、娑婆にはそういう機会が溢れている。

たとえば、ホテルに到着後、レストランの席に着いてメニューを広げると、ジョッキに水滴のついた、美味しそうな生ビールの写真があった。その瞬間、

「ビールを飲みたい」という衝動に駆られた。

修行中は不思議なほどまったく飲みたいとは思わなかったのに、やはりビジュアルを目にすると飲みたくなるのだ。

ソーシャルメディアには「飯テロ」という言葉もあるくらい、写真には渇望をそそる効果がある。だからこそこの世には、食べ物や飲み物の写真が溢れているのだろう。

ゴエンカ氏からは、下界に降りても「飲酒しない」を含む「五戒」は最低限守るよう、最終日に指導があった。飲酒は、瞑想の実践とは相性が悪いのだという。あのゴエンカ氏がそう言うのだから、きっとそうなのだろう。また、朝に1時間、夕方に1時間の瞑想時間を設けるように言われていた。

もちろん戒律を破ろうが、瞑想をサボろうが、誰にも非難されないし、罰されることもない。しかし僕は、できることなら修行合宿で身につけた瞑想の技術と鋭敏な感覚を、今後も維持したいと考えていた。それが自分自身と自分に接する他人の幸福に寄与すると、心から思っていたからである。

だから「出所」したばかりなのに、ビールの写真ごときで「転ぶ」わけにはいかない。

僕は写真を眺めながら、自分の身体に起きている感覚を平静に観察し始めた。唾液腺がキューーッと締めつけられるほか、胸や顔、腕、胃などにほのかな不快な感覚がある。それらをじっと観察していると、だんだんと和らいで消えていった。結局、ビールを注文せずに済んだ。

留意していただきたいのは、これは「飲みたい」という気持ちを抑圧しているわけではない、ということだ。むしろその気持ちの存在を認め、正面から向き合う方法である。抑圧とは真逆なのである。

そういえば、明日は飛行機に乗るんだよな……。スマホを出して、久しぶりに天気予報をチェックする。

修行中は、天気予報も気温の情報も、一切目にしなかった。途中、台風のような嵐にもなったけれど、あれが本当に台風だったのかさえわからない。

思えば日本にいると、冬以外はかなり頻繁に「台風情報」を目にする。それはたいてい、自分のいる場所とは関係がないのだが、日本のどこかが台風に脅かされていれば、マスメディアは報じざるをえない。だから自分とは関係なくても、「台風、九州に上陸しそうなんだな」などと、なんとなく気にかけている。そういうわけで、年がら年中、潜在意識では台風に脅かされているような感じがしてしまう。

これは天気以外のニュースでも同じだ。

久しぶりにツイッターを開くと、香港の民主派の主要な学生さんたちが警察に逮捕されたらしく、タイムラインがその話題で賑わっていた。暴力的な警察官らの様子を映し出した映像も流れている。こうした情報に接すれば、当然、普通は心も乱される。

しかし誤解を恐れずに言うならば、それは本来、自分とは関係のない話だ。いや、自分が暮らしている地球上で起きていることなのだから、関係がまったくないとは言えないだろう。しかしそれでも、自分の配偶者や子どもが逮捕されたわけではないのだから、自分が警察や裁判所へ出向いて対応しなくちゃいけないわけではない。つまり逮捕のことを知っても知らなくても、別に直接的な支障がただちに出るわけではない。にもかかわらず、僕らはあたかも当事者の一人であるかのように、心を乱される。

これはもちろん、香港関連のニュースに限らない。

行ったこともないアフリカの国の戦争やテロのニュースでも、それを耳にすれば「ああ、世界は病んでいるなあ。人間はなんて暴力的なんだろう」などと嘆いたりして、心が乱される。遠く南米のアマゾンで森林火災が起きたというニュースに接すれば、「地球は大丈夫なんだろうか」などと心配して、心が乱される。「日本の省庁が公文書を破棄していました」なんていうニュースに接すれば、「この国は大丈夫なんだろうか」などと不安になって、心が乱される。

私たちの自我、「私のもの」という感覚は、メディアや教育を通じて、地球規模にまで拡大している。その結果、秒刻みで洪水のごとくスマホやテレビに表示される、地球で起きている事件のすべてが、ある意味で「自分の問題」のように感じられてしまう。地球で起きるあらゆる問題が、「私のもの」を傷つける、心を乱す存在となる。

それにニュースはたいてい、悲惨なことや残酷なことが起きたときにしか流されない。「今日はニューヨークは平穏無事でした」なんてことはニュースにならないわけだから、私たちはニュースや新聞に接する限り、がっかりしたり、怖くなったりするような話題ばかりに晒されることになる。

これだけネガティブな刺激を、毎日毎日、無防備に大量に受け続けていたら、心が病んだり、怒りのサンカーラ（反応）がたまっていって暴力的になっていくのも、ある意味で当然であろう。


だからといって、僕は「ニュースを見るな、流すな、自分の世界に引きこもれ」などと言いたいのではない。私たちはそういう過酷な環境で暮らしているのだということに、まずは気づくことが必要だと申し上げているのである。

そしてこういう環境の中で心の平和を保って生活していくには、「身体の感覚を平静を保って観察する」という瞑想の技術や発想が、どうしても必要だと思うのだ。

それは今風に言えば、感情の上での「スルー」の技術である。

もちろんそれは、問題を見て見ぬ振りをしろ、という意味ではない。社会で起きている現象が問題だと思ったら、それについて議論したり行動を起こしたりすることは必要だ。それが市民としての責任だからである。

しかしその際、怒りや悲しみや苛立ちを覚えて、心を乱す必要はない。というより、心を乱すと、自分の発言や行動がその分、歪んでしまう。自分に怒りがあれば、それは他人にも伝染し、世の中をより暴力的にしてしまう。心が乱れたまま発言したり行動したりすることは、問題解決のためにはむしろ逆効果である。

私たちは、起きている問題に適切に立ち向かうためにこそ、怒らず、憎まず、恐れず、気づきと平静さを保たなければならないのである。

ヴィパッサナー修行合宿を終えて、僕はツイッターとフェイスブックでその経験について次のように報告した。

「生まれて初めて、10日間のヴィパッサナー瞑想修行合宿に参加してきました。ヴィパッサナー瞑想とは、ブッダがその手法によって解脱したといわれる究極の瞑想法です。大自然に囲まれた瞑想センターで、スマホもパソコンも財布も預け、外の世界との関係を完全に断ちます。

その上で、朝4時に起床し9時半に消灯するまで、毎日10時間以上、ひたすら座って自分自身の呼吸や体を観察し、修行します。10日間は『聖なる沈黙』を守り、生徒同士の間では一切言葉を口にしてはなりません。また、『殺生しない』『嘘をつかない』などの仏教の五戒を厳しく守らなければなりません。

参加する前は『わざわざ進んで刑務所に行くみたいだな』と自虐的な不安も感じていましたが、やってみれば、苦しくも実に素晴らしい体験でした。自分の心や体をこんなに集中して見つめたことは、かつてありません。自らの心の奥底に潜んでいる暴力性や貪欲の存在に、我ながらおののきました。

そして自分の生き方を変えたい、変えなければならない、と強く思いました。

僕にとっては、人生の方向性と世界の見方を150度くらい変えてしまう、根源的な体験でした（180度ではありません）。同時に、あらゆる人に参加を強く勧めたいと思いました。

すべてボランティアと寄付によって運営されたセンターです。合宿が終わった際に自分に払えるだけの寄付を置いていけばよいので、経済力にかかわらず誰でも参加できます。興味のある方は、ぜひとも時間を作って参加されることをお勧めします。

いずれこの体験については、どこかに詳しく書きたいと思っています。ソーシャルメディアとの付き合い方も、抜本的に変えたいです。僕自身、世の中に対する怒りに駆られて、しばしば暴力的な言葉を使ってきたこと、そしてそうすることで、世の中の暴力性に寄与してきたことに、深く反省をしています。

とにかく、今はこの瞑想法に出会えたことと、合宿中にお世話になった方々に、心から感謝しています」

すると早速、ツイッターでは「全部アベのせいだBot」というアカウントが僕の連投をスクリーンショットに撮り、次のように投稿した。明らかに僕を揶揄し侮辱する意図を持った投稿である。

「【悲報】想田和弘監督、アベによってスピリチュアルの世界に連れ去られてしまう。アベらしい卑劣で巧妙なやり方です。誰もが『想田和弘さんは映画監督を名乗りながらごく一部の天パヨ（天然パヨクの意か？ パヨクはネット上の左翼の蔑称）さん以外誰もその映画を見たことがないのに耐え切れずスピに走ってしまったのね、かわいそうに』と思うだけでアベの関与を疑いません。完全犯罪です」

このツイートには300件以上のリツイートと600件以上の「いいね」が付いていた。返信も「ツイ廃（ツイッター廃人）卒業出来ないあたり煩悩は払えなかったようですね（*´ω｀*）」「ごく一部の天パヨさん以外誰もその映画を見たことがないだなんて酷い！ ヴィパッサナー瞑想をすれば、心が開かれ、誰でも想田和弘監督の映画が心のなかに沸き起こってきますよ！」といったものが40件以上あり、一種の「祭り」状態である。

この投稿とそれに対する人々の反応を目にしたときには、やはり胸や背中、腕や腹などに、不快な感覚がわき起こってきた。これまでの人生で、僕はそのように感じるよう、条件づけられてきたからであろう。

今までの僕であれば、この不快感に対して自動的に嫌悪で反応し、怒りに身体を震わせながら、ツイートで反撃していたと思う。そして僕が反撃すれば、相手もさらに嫌悪で反応し反撃をしてくるので、僕もさらなる嫌悪を感じて反撃をしていたことが予想される。まさしく嫌悪の連鎖である。そしてこれが、「炎上」が起きるメカニズムである。

しかしここで重要なのは、不快な感覚に対して嫌悪で反応せず、平静さを保って観察することである。

僕は最初に「全部アベのせいだBot」のツイートを目にした際、目を閉じて自分の身体に起きている感覚を冷静に観察した。するとそれは、10秒もしないうちに消えていった。アニッチャー、無常である。すると同時に、「反撃したい」という衝動も消えてしまった。

このことから、私たちの行動（少なくとも僕の行動）を支配しているのは、「快／不快」原則なんだということが改めてよくわかる。僕らは結局、ムカつけば攻撃するし、気持ち良ければ抱擁するのである。

もちろん、「あんなツイートを放っておいたらヴィパッサナーの名誉をも傷つける」などといろいろ理屈をつけて、反撃を正当化することもできるだろう。しかしそれは、自分と他人をごまかすための、単なる屁理屈だ。私たちは、まぎれもなく快／不快原則で行動する「動物」なのである。

不快な感覚が消えると、この「全部アベのせいだBot」によるツイートと人々の反応は、僕が過去に発したツイート（サンカーラ）の蓄積のために生じたものであることに気づいた。要は、瞑想中に出てきた足の痛みと同じようなもののだ。

であるならば、「借金」を返すためにも、絶対に反撃してはならない。反撃してしまったら、新たなサンカーラを作るだけだからである。

数日間放置していたら、元のツイートに反応する人はいなくなって、「祭り」は自ずから萎んでいった。

まさに無常。

アニッチャーである。

ニューヨークに帰ると、規与子が僕の帰りを待ち構えていた。

ヴィパッサナー修行の体験について、早く僕と語り合いたくて、うずうずしていたようである。

実際、話し出すと止まらない。1日2回の瞑想を一緒に行なう一方で、食事のときも、お茶を飲むときも、散歩をするときも、1週間くらいの間、暇さえあればヴィパッサナーの話ばかりすることになった。夫婦というよりも「仏弟子同士」か「瞑想仲間」になったみたいで、なんだかムズ痒い感じだ。

びっくりしたのは、規与子は合宿3日目くらいに、すでにバンガ（溶解）の体験をしていたということである。つまりヴィパッサナーが始まる前の、アーナーパーナ瞑想の段階で、彼女はあの神秘的ともいえる体験をしたことになる。

思えば、規与子は僕の映画のプロデューサーでもあるが、本職はダンサー兼太極拳の師範である。ダンスでも太極拳でも、全身に意識を巡らせ身体感覚を研ぎ澄ませることが重要だ。そういう経験を積み重ねてきた彼女は、アーナーパーナで精神を集中させるだけで全身に意識が行き届き、期せずして溶解してしまったのではないか。

彼女は合宿中、別の経験もしたようである。ゴエンカ氏の指導に従い、身体の表面だけでなく、内側にも意識を巡らせていった結果、全身が水に浸されたような状態になり、身体の内側に入って中から頭蓋骨や何かの塊を眺めるような体験をしたという。

そういえば修行の9日目だっただろうか、ゴエンカ氏が「身体の内側に意識を巡らせ、背骨にも意識を通せ」的な指導をしていたのを思い出す。僕はあのとき、まだまだ痛みと格闘していたこともあり、「いきなり身体の内側に意識を通せと言われてもね……」と、あまり真面目に受け取っていなかった。したがって当然、背骨を意識することもできなかったし、全身が水に浸されるような感覚も起きなかった。だいたい、背骨なんてどうやって意識するんだろう。背骨の感覚なんて、俺にはないな。

「ちょっと俺の背骨、触ってみてくれる？　どこにあるのか確認したいから」

そう言うと規与子は、不思議そうに聞き返してきた。

「えっ、どういう意味？」

聞けば、規与子にとって背骨を意識することは、5歳でバレエを始めたときから基本中の基本で、逆に意識しないことがどんなことなのか、想像できないのだという。22年の結婚生活で、初めて明らかになったギャップである。

「なるほど、そういうことなら、瞑想修行で徐々に背骨に対する意識を開発していくしかないな……」

実際、朝晩の瞑想で身体の内側を意識していくと、背骨の感覚が突然現れた。いや、最初は背骨の周辺の感覚だったのだろう。なんだか位置がずれてたから。

しかし回を重ねるごとに、背骨そのものの感覚が感じられるようになった。

「でも、背骨を上から感じていっても、腰の上あたりで止まっちゃうんだよね」

「ああ、そのあたりは気が滞りやすい箇所なんだよ。だからちょっと工夫して通さないとね」

「あと、頭の中を上から下へスキャンしていくと、口のあたりでなんだか止まっちゃうんだよね」

「ああ、それはそこが経絡《けいらく》の継ぎ目の場所だからかも。上顎と下顎で経絡が途切れてるから、止まるんじゃないかな」

規与子は太極拳を追究していく過程で、中国医学の経絡や気功法などについても詳しくなっていた。心強い「瞑想仲間」である。

ちなみに、合宿を終えたときにハッとしたのは、全身の皮膚がツルツルになっていたということである。これは規与子も同じ経験をしたらしい。やはり意識を巡らせるだけで、細胞とは活性化するものなのかもしれない。

運動もしないのに、体重も3キロくらい減っていた。これも、外形的には身体を動かさないけれど、内側では盛んに活動しているからなのだろう。実際、瞑想をすると身体が熱くなり、汗がよく出る。

ある日、近所を散歩していたら、激しく泣きながら歩いている男の子と遭遇した。

3、4歳くらいだろうか、お母さんらしき女性と手を繋いでいる。女性は男の子の泣き声にうんざりした様子。早足でずんずん歩いていき、それに引きずられるようにして、男の子がついていく。

よく見ると、半袖シャツを着た男の子の上腕に、脱脂綿が茶色いテープで貼り付けてあった。きっと予防注射か何かをした帰りなのだろう。そして、きっとそのせいで男の子は泣いているのであろう。お母さんは、泣きやまない男の子に対して、どうしたらよいのかわからない様子だった。

僕の経験から察するに、男の子の腕に今でも「痛い」という感覚があるとは思えない。痛かったのは注射をされた瞬間だけで、その痛みはすでに去っているはずだ。

しかし男の子は泣きやまない。男の子は注射をされた瞬間に「痛み」という不快な感覚を感じて、それに対して自動的に「嫌悪」で反応したからである。一度嫌悪で反応すれば、「苦」の悪循環が始まってしまう。

それに加えて、嫌だというのに、無理やり注射をされたことに対する怒りや恐怖。その怒りや恐怖をわかってくれない、泣いても泣いても振り向いてくれない、お母さんへの恨み。もはや「注射の痛み」などは関係ない。男の子は、自ら作り出した苦しみのために、泣きやむことができないのであろう。

だが、この子を笑うことができる大人は、この世に何人くらいいるのだろうか。

たとえば私たちは、それまで長年よい関係を築いてきた気のおけない友人との間でさえ、その人が無意識に放ったほんのささいな一言をきっかけに、友人関係を台無しにしてしまうことがある。

「あんなことを僕に言うなんて、Aさんて本当は冷たい人だったんだな」あるとき、僕はそう考えて不快な感覚を感じ、自動的にAさんに対する「嫌悪」を育ててしまったことがある。

Aさんには、たぶん悪意などない。いや、僕に対して何かを言ったことさえ忘れているだろう。しかし僕は、その後Aさんと顔を合わせるたびに、「あの一言」を思い出して「嫌悪」の反応をしてしまう。その反応はAさんにもなんとなく伝わり、関係がぎこちなくなる。次第にお互いに会うことを避けるようになり、疎遠になってしまう。

理性的に考えれば、「あの一言」はAさんの口から発せられた瞬間に、雲散霧消している。それにあの一言を放ったAさんは、もうどこにもいない。人間も瞬間瞬間変化する無常の存在だからだ。意識など瞬間的にコロコロ変わる。

しかし僕は、5年経っても、10年経っても、皮膚に深く入り込んだ棘のように、Aさんの一言を忘れることができなかった。本来ならば男の子が感じた注射の痛みと同様、瞬間的に消えるものであるはずなのに、思い出すたびに「嫌悪」するから「棘」になる。こうして大切な友人の一人を失っていった。

もちろん、最初の原因を作ったのはAさんかもしれない。だから僕は、心の中でAさんを責めてきたのだ。

「Aさんがあんなことを言わなければ、友人でいられたのだ」

しかしこれまで見てきたように、僕にも「嫌悪しない」という選択肢はあったのである。

このような経験、皆さんにはないだろうか。

こんなこともあった。

ヴィパッサナー瞑想修行の経験を親しい友人に話したところ、彼はどこかで座禅を習ったことがあるらしく、かなり強い口調で、「僕はそういう類のものは、信じない」と拒絶反応を示した。

おそらく、座禅修行のときに不快な出来事があり、そこで「嫌悪」を育ててしまったのだろう。その嫌悪が強いあまり、「瞑想的なもの一般」を丸ごと拒絶してしまったのである。

冷静に考えれば、その座禅と、僕や規与子が受けたヴィパッサナー瞑想は、やっている人も、行なっている内容も、まったく異なるものである。したがって、座禅で嫌な経験をしたことは、ヴィパッサナーを否定する理由にはならない。しかし嫌悪に突き動かされるということは、感情的になるということなので、理性は働きにくくなる。結果、すべてを一緒くたにしてしまう。

ツイッターなどで、オウム真理教などを連想して、ヴィパッサナー瞑想について「やばいもの」「スピリチュアル系」などと決めつけた投稿をする人がいるのも、同じ原理だろう。言うまでもなく、ヴィパッサナー瞑想とオウム真理教は、まったく異なるものである。というより、ある意味で真逆だ。にもかかわらず、「嫌悪」に突き動かされ感情に支配されると、その違いが目に入らなくなってしまう。

それは最近日韓関係が悪化する中、日本の一部の人たちが「韓国人は嘘つきだ」と言うのとも、共通することだ。ベースの部分に「嫌悪」という感情があるので、韓国人の一人ひとりが多様な性格と考えの持ち主であることを、無視したり、忘れたりしてしまう。そしてあらゆる韓国人を「嘘つき」であると思い込んで、嫌悪や憎悪の炎で自分の心身を焦がしてしまう。

私たちは、個人レベルでも国家レベルでも、このような苦しみを自ら作り出し、毎日を惨めなものにしてはいないだろうか。

惨めな生活をしていると、周りの人々も惨めにしてしまう。周りの人々が惨めになると、その周りの人々をも惨めにしてしまう。ゆくゆくは、社会全体を惨めにしてしまう。

この苦悩の連鎖の歯車を、なんとか逆回転させていきたい。

そのためには、まずはほかでもない、自分自身が惨めな生活から抜け出すことが必要であろう。瞑想で心を鍛錬し、瞑想的な発想と行動を、日々の生活の中でも実践していくのである。その結果、周りの人々や生き物に害をなさないだけでも、大きな前進であり貢献ではないだろうか。

僕は昔から「平和主義者」を自任してきた。この世から戦争や抑圧、不公正や貧困がなくなることを夢見て、社会に対しても積極的に発言してきた。その意図そのものは善意であり、不純なものはなかったと信じている。

しかしその言葉や行動には、ほとんど必ずと言ってよいほど、怒りや苛立ちが含まれていた。というより、怒りや苛立ちを原動力に、僕は自分自身を奮い立たせてきたのだと思う。

だが、それはまるで、海に流出してしまった原油を回収するために、燃料タンクに穴の開いた船で活動するようなものである。原油を回収しながら、自分の燃料を垂れ流し、新たな汚染を広げてしまっているのである。

まずは、僕自身の船の穴をこそ、ふさぐ努力をせねばならない。

そのために、僕は今後も瞑想修行を続けていくことであろう。

いや、続けねばならないのである。

初出　「週刊金曜日」２０１９年11月１日〜２０２０年２月７日

想《そう》田《だ》和《かず》弘《ひろ》

映画作家。１９７０年栃木県足利市生まれ。東京大学文学部宗教学宗教史学科卒。米国スクール・オブ・ビジュアルアーツ映画学科卒。日米を往復しながら、台本やナレーション、ＢＧＭ等を排した「観察映画」というドキュメンタリーの方法を提唱・実践。監督作品に『選挙』（２００７）、『精神』（２００８）、『Peace』（２０１０）、『演劇１』（２０１２）、『演劇２』（２０１２）、『選挙２』（２０１３）、『牡蠣工場』（２０１５）、『港町』（２０１８）、『ザ・ビッグハウス』（２０１８）、『精神０』（２０２０）等。国際映画祭での受賞多数。著書に『精神病とモザイク』（中央法規出版）、『なぜ僕はドキュメンタリーを撮るのか』（講談社）、『カメラを持て、町へ出よう』（集英社インターナショナル）等がある。

装丁＝川名潤

なぜ僕《ぼく》は瞑想《めいそう》するのか　ヴィパッサナー瞑想体験記《めいそうたいけんき》

２０２１年４月30日　第１刷発行

著者　想田和弘《そうだかずひろ》
発行人　遅塚久美子
発行所　株式会社ホーム社
〒１０１－００５１
東京都千代田区神田神保町３－29 共同ビル
電話　編集部　０３－５２１１－２９６６
発売元　株式会社集英社
〒１０１－８０５０
東京都千代田区一ツ橋２－５－10
電話　販売部　０３－３２３０－６３９３（書店専用）
読者係　０３－３２３０－６０８０
印刷所　大日本印刷株式会社
製本所　ナショナル製本協同組合

ISBN 978-4-8342-5347-4 C0095